PHRASES IN CANTONESE
Betty Hung

Second Edition

Greenwood Press

GREENWOOD PRESS

47 Pokfulam Road, 8/F., Hong Kong.

Tel: (852) 2546 8212

Fax: (852) 2858 6042

Email: gwpress@ctimail.com

© *Greenwood Press 1996, 2007*

All rights reserved. No part of this publication may be reproduced, stored in a retrieval system, or transmitted in any form or by any means – electronic, mechanical, photocopying, or otherwise – without the prior permission of the copyright owner.

First published 1996

Second Edition 2007

ISBN: 978-962-279-254-8

PRINTED IN HONG KONG

Preface

This is a handbook for students of Cantonese and visitors to Hong Kong.

There are two sections in this book, which list over 6,500 common vocabulary items and many other topics. Each entry in this book is in the following pattern: English-Cantonese Romanization-Chinese character. Since Cantonese is a dialect and has no written form, the Chinese characters provided in the book are only for reference. If there is no suitable character for the word, a □ sign will be used.

The first section is common vocabulary. The English entries are in alphabetical order. Each noun has its measure word and relevant verb phrases provided. Some vocabulary of items have the negative form and common usage provided.

The second section is appendices, with detailed lists of food, drinks and names of places in Hong Kong, and other topics from everyday life.

I hope everyone will find this book useful and interesting.

Betty Hung

Contents

Preface

Romanization System i

Abbreviations v

Daily Vocabulary 1

Appendices 141

  1. Number 143

  2. Money 144

  3. Time 145

  4. Chinese Regional Cuisine 148

    4.1   Dim Sum 148

    4.2   Dessert 151

    4.3   Cantonese Cuisine 152

    4.4   Chiuchow Cuisine 156

    4.5   Haakka Cuisine 157

    4.6   Peking Cuisine 157

    4.7   Shanghai Cuisine 159

    4.8   Sichuan Cuisine 161

    4.9   Hong Kong Style Cafe 162

    4.10 Noodle Shop 164

    4.11 Barbecued Meat Shop 166

    4.12 Hong Kong Style Breakfast 167

    4.13 Chinese Herbal Tea Shop 169

  5. Food 170

    5.1   Chinese Tea 170

    5.2   Fruit 170

    5.3   Vegetables 172

5.4	Seafood	176
5.5	Meat & Poultry	178
5.6	Staple Food	179
5.7	Seasoning	179
5.8	Dried and Preserved Chinese Ingredients	182
6.	Cooking	184
7.	Drinks	186
8.	Colour	187
9.	Hong Kong Island	188
10.	Kowloon	195
11.	New Territories	198
12.	Outlying Islands	201
13.	MTR Stations	201
14.	KCR Stations	203

Romanization System

Each syllable of Cantonese is composed of three elements:
1. Initial: the beginning sound element of a syllable. There are 19 initials in all.
2. Final: the ending sound element of a syllable or a vowel. There are 51 finals in all.
3. Tone: the relative pitch, or variation of pitch, of a syllable. There are 6 tones in all.

An example of a syllable:

Initials

as in English

1. B — <u>b</u>oy
2. Ch — <u>ch</u>at
3. D — <u>d</u>og
4. F — <u>f</u>ar
5. G — <u>g</u>ame
6. Gw — lang<u>u</u>age
7. H — <u>h</u>ome

8. J	gypsy
9. K	kill
10. Kw	quite
11. L	law
12. M	mother
13. N	nose
14. Ng	singer
15. P	park
16. S	sand
17. T	tap
18. W	water
19. Y	yes

Finals

as in English

1. a	father
2. aai	aisle
3. aak	ark
4. aam	arm
5. aan	aunt
6. aang	no equivalent
7. aap	harp
8. aat	art
9. aau	owl
10. ai	kite
11. ak	duck
12. am	sum
13. an	sun
14. ang	dung

15. ap	<u>up</u>	
16. at	b<u>ut</u>	
17. au	<u>ou</u>t	
18. e	y<u>e</u>s	
19. ei	d<u>ay</u>	
20. ek	<u>e</u>cho	
21. eng	b<u>ang</u>	
22. eu	h<u>er</u>	
23. eui	no equivalent	
24. euk	t<u>urk</u>	
25. eun	no equivalent	
26. eung	no equivalent	
27. eut	no equivalent	
28. i	b<u>ee</u>	
29. ik	s<u>ick</u>	
30. im	s<u>eem</u>	
31. in	s<u>een</u>	
32. ing	k<u>ing</u>	
33. ip	j<u>eep</u>	
34. it	s<u>eat</u>	
35. iu	s<u>eal</u>	
36. o	<u>o</u>ral	
37. oi	b<u>oy</u>	
38. ok	s<u>ock</u>	
39. on	<u>on</u>	
40. ong	s<u>ong</u>	
41. ot	<u>odd</u>	
42. ou	t<u>oe</u>	
43. u	f<u>oo</u>l	
44. ui	"oo" + "ee"	

45. uk	h<u>ook</u>
46. un	s<u>oon</u>
47. ung	z<u>one</u>
48. ut	f<u>oot</u>
49. yu	no equivalent
50. yun	no equivalent
51. yut	no equivalent

Tones

	Tone Mark	*Example*
High level	with "-" on top of first vowel	sī
High Rising	with "´" on top of first vowel	sí
Middle Level	none	si
Low Level	With an "h" after the vowel	sih
Low Rising	with "´" on top of first vowel, and an "h" after the vowel	síh
Low Falling	with "`" on top of the first vowel and an "h" after the vowel	sìh

Abbreviations

Adj	adjective
A	adverb
colloq	colloquial
M	measure word or classifier
N	noun
QW	question word
V	verb
VO	verb object phrase

Daily Vocabulary

A

ability	**bún-sih; nàhng-lihk**	本事；能力
able to	**hó-yíh** + V; V + **(dāk) dóu**	可以；得倒
abnormal	**m̀h-jing-sèuhng**	唔正常
about	①**gwāan-yū; yáuh gwāan**	關於；有關
	②**daaih-yeuk** + Nu;	大約；左右
	Nu + **jó-yáu**	
above	**hái seuhng-bihn**	喺上邊
abrupt	**tòhng-daht**	唐突
absent	**kyut jihk**	缺席
absent minded	**móuh gei-sing**	冇記性
absolute(ly)	**jyuht-deui**	絕對
abstract	**chāu-jeuhng**	抽象
absurd	**fōng-mauh**	荒謬
academic	①**hohk-fō**	學科
	◇~ **sìhng-jīk** (~ result)	
	②(research)**hohk-seuht**	學術
accent	**háu-yām**	口音
accept	**jip-sauh**	接受
accessory	**sīk-maht** (M:gihn)	飾物
accident	**yi-ngoih** (M:jūng)	意外
accidental(ly)	**ngáuh-yìhn**	偶然
accompany	**pùih** ◇**ngóh** ~ **néih heui**	陪
	(I ~ you to go)	
according to	**gān-geui; jiu**	根據；照
account	(bank)**wuh-háu** (M:go)	戶口
	◇**hōi** ~ (open ~)	
	◇**jīu-piu** ~ (current ~)	
	◇**lyùhn-méng** ~ (joint ~)	
	◇**chyúh-chūk** ~ (savings ~)	
accountant	**wuih-gai-(sī)**	會計師
accounting	**wuih-gai**	會計
accurate	**jéun**	準
accuse	①**wah** ②(law)**gou**	話；告
accustomed to	**(jaahp)-gwaan-(jó)**	習慣咗

3

achieve	**daaht-dou**	達到
achievement	**sìhng-jīk**	成績
act	**jouh hei**	做戲
acting	**doih** ◇~-haauh-jéung	代
	(~ principal)	
action	**duhng-jok** (M:go)	動作
active	**wuht-yeuk**	活躍
activities	**wuht-duhng** (M:go; chi)	活動
actor	**(nàahm)-yín-yùhn**;	男演員
	(star)**nàahm-mìhng-sīng**	男明星
	◇**yíng-dai** (best ~)	
actress	**(néuih)-yín-yùhn**;	女演員
	(star)**néuih-mìhng-sīng**	女明星
	◇**yíng-hauh** (best ~)	
actually	**kèih-saht**	其實
adapt	**sīk-ying**	適應
adapter	①(plug)**maahn-nàhng-sōu**	萬能蘇
	(M:go)	
	②(voltage)**fó-ngàuh**	火牛
	(M:jek)	
add	**gā**	加
addicted	**séuhng yáhn**	上癮
address	①**deih-jí** (M:go)	地址
	◇**gói** ~ (change ~)	
	②(V)**chīng-fū** ◇**Dím** ~ a?	稱呼
	(How should I ~ you?)	
adhesive tape	**gāau-jí** (M:gyún)	膠紙
adjust	**tìuh-jíng**	調整
administration	**hàhng-jing**	行政
admire	**yān-séung**	欣賞
admission fee	**yahp-chèuhng-fai**	入場費
admit	**sìhng-yihng**	承認
adopt	①**chói-yuhng**	採用
	②(child)**líhng-yéuhng**	領養
adore	**sùhng-baai**	崇拜
adult	**daaih-yàhn**	大人

advance	①(level) **gōu-kāp**	高級
	②**sīn-jeun**	先進
advance booking	**yuh-dehng**	預訂
advantage	**hóu-chyu** ◇leih-yuhng ngóh (take my ~)	好處
advertisement	**gwóng-gou** (M:go) ◇maaih ~ (advertise)	廣告
advertising agent	**gwóng-gou gūng-sī** (M:gāan)	廣告公司
advice, advise	**gin-yíh** (M:go)	建議
aerobic dance	**gihn-hōng-móuh** ◇tiu ~ (dance ~)	健康舞
aerogramme	**yàuh-gáan** (M:go)	郵簡
affect	**yíng-héung**	影響
afford(able)	**máaih-dāk-héi**	買得起
afraid	**gēng; pa**	驚；怕
Africa	**Fēi-jāu** ◇Nàahm-fēi (South ~)	非洲
after(wards)	**... jī-hauh**	之後
after all	**dou-dái**	到底
afternoon	**aan-jau; hah-jau** (M: go)	晏晝；下晝
afternoon nap	**aan-gaau** ◇fan ~ (take an ~)	晏覺
afternoon tea	**hah-ńgh-chàh** (M:chāan)	下午茶
again	①**joi** ②**yauh**	再；又
age	①**seui** ◇Néih géi-dō ~ a? (How old are you?)	歲
	②**nìhn-géi**	年紀
agent	**doih-léih** (M:go)	代理
ago	**...(jī)-chìhn**	之前
agree	**tùhng-yi**	同意
agreement	**hip-yíh** (M:go; fahn)	協議
Aids	**ngoi-jī-behng**	愛滋病
aim	**muhk-dīk** (M:go)	目的
aim at	**ji-joih**	志在

air	**hūng-hei**	空氣
air-conditioner	**láahng-hei-(gēi)**	冷氣機
	(M:ga; bouh)	
	◇hōi ~ (turn on ~)	
	◇sīk ~ (turn off ~)	
air-condition-ing	**hūng-hei tìuh-jit**	空氣調節
air-exhauster	**chāu-hei-gēi** (M:ga; bouh)	抽氣機
air hostess	**hūng-(jūng síu)-jé**	空中小姐
air-line company	**hòhng-hūng gūng-sī** (M:gāan)	航空公司
airmail	**hūng-yàuh**	空郵
airport	**(fēi)-gēi-chèuhng** (M:go)	飛機場
alarm clock	**naauh-jūng** (M:go)	鬧鐘
	◇gaau ~ (set ~)	
alcohol	①**jáu-jīng**	酒精
	②(medical) **fó-jáu**	火酒
alike	**(hóu) chíh-yéung**	好似樣
all	**chyùhn-bouh; só-yáuh**	全部；所有
all around	**sei-wàih; jāu-wàih**	四圍；周圍
all right	**hóu**	好
allergy	**máhn-gám**	敏感
	◇deui... ~ (allergic to...)	
	◇beih ~ (nose ~)	
	◇pèih-fū ~ (skin ~)	
allocate	**fān-pui**	分配
allow	**béi; jéun**	俾；准
allowance	**jēun-tip** (M:bāt)	津貼
almost	①**chā-m̀h-dō** + Nu	差唔多
	②**gēi-fùh; jāang-dī**	幾乎；爭啲
already	**yíh-gīng**	已經
also	**dōu**	都
alter	**gói**	改
alternative	**lihng yāt-go syún-jaahk**	另一個選擇
although	**sēui-yìhn**	雖然
altogether	**hahm-bah-laahn;**	冚巴冷；

	júng-guhng	總共
aluminium foil	sehk-jí	錫紙
always	sìh-sìh dōu;	時時都；
	jāu-sìh; sèhng-yaht	周時；成日
always been	yāt-heung dōu	一向都
amazed	haak-(jó) yāt-tiu	嚇咗一跳
ambiguous	hàhm-wùh	含糊
ambitious	yáuh yéh-sām	有野心
ambulance	sahp-jih-chē (M:ga)	十字車
America	Méih-gwok	美國
among	...jī-jūng	之中
amusing	yáuh-cheui	有趣
anaemia	pàhn-hyut	貧血
analyse	fān-sīk	分析
and	tùhng-(màaih)	同埋
angel	tīn-si	天使
angry	nāu	嬲
animal	duhng-maht (M:jek)	動物
animation	kā-tūng-(pín) (M:tou)	卡通片
ankle	geuk-ngáahn (M:go)	腳眼
anniversary	jāu-nìhn géi-nihm	週年紀念
	◇léuhng ~ (second ~)	
announce	syūn-bou	宣佈
annoy	gīk-hei	激氣
anodyne	jí-tung-yeuhk	止痛藥
another	daih-yih-go;	第二個；
	lihng-ngoih yāt-go	另外一個
answer	①(V)daap; daap-fūk	答；答覆
	②(N)daap-ngon (M:go)	答案
ant	ngáih (M:jek)	蟻
antenna	tīn-sin (M:jì)	天線
antique	gú-dúng	古董
anxious	sām-gāp	心急
any time	chèuih-sìh;	隨時；
	géi-sìh dōu	幾時都
anyway	wàahng-dihm	橫掂

7

apartment	**ūk; láu** (M:gāan)	屋;樓
appendix	**fuh-luhk**	附錄
appear	**chēut-yihn**	出現
appearance	**yéung** (M:go)	樣
appetite	**waih-háu**	胃口
applaud	**paak sáu**	拍手
apple	**pìhng-gwó** (M:go)	蘋果
apple juice	**pìhng-gwó jāp** (M:būi)	蘋果汁
apple pie	**pìhng-gwó pāi** (M:go)	蘋果批
applicant	**sān-chíng-yàhn**	申請人
application form	**sān-chíng-bíu** (M:jēung) ◇tìhn ~ (fill in ~)	申請表
apply, application	**sān-chíng**	申請
appoint	**chéng**	請
appointment	**yeuk** (M:go) ◇~ sìh-gaan (make ~)	約
appreciate	**yān-séung**	欣賞
approach	**jip-gahn**	接近
appropriate	**sīk-dong; ngāam**	適當;啱
approve, approval	**pāi-jéun**	批准
approximately	**daaih-yeuk** + Nu; Nu + **dóu**; Nu + **jó-yáu**	大約: 倒: 左右
apologize	**douh-hip**; **góng deui-m̀h-jyuh** ◇ngóh tùhng néih ~ (I ~ to you)	道歉 講對唔住
apron	**wàih-kwán** (M:tìuh) ◇laahm ~ (wear ~)	圍裙
architect	**gin-jūk-sī**	建築師
architecture	**gin-jūk**	建築
area	①(size) **mihn-jīk** ②**deih-kēui**	面積 地區
argue	**ngaau**	拗

arm	**sáu-(bei)** (M:jek)	手臂
armchair	**ōn-lohk-yí** (M:jēung)	安樂椅
armpit	**gaak-lāat-dái** (M:go)	格肋底
arouse	**yáhn-héi**	引起
arrange(ment)	**ōn-pàaih**	安排
arrest	**jūk; lāai**	捉；拉
arrive	**dou**	到
arrogant	**jih-daaih**	自大
arrow sign	**jin-jéui** (M:go)	箭嘴
art	**ngaih-seuht**	藝術
art gallery	**méih-seuht-gwún** (M:gāan)	美術館
article	**màhn-jēung** (M:pīn)	文章
artificial	**yàhn-jouh**	人造
as far as I know	**jiu ngóh (só) jī**	照我所知
as for	**ji-yū**	至於
as if	**hóu-chíh**	好似
as soon as possible	**jeuhn-faai**	盡快
ash	**fūi**	灰
ashamed	**chàahm-kwáih**	慚愧
ashtray	**yīn-fūi-jūng** (M:go)	煙灰盅
Asia	**A-jāu**	亞洲
ask	①(question)**mahn**	問
	②(request)**giu; chéng**	叫；請
assign	**paai**	派
assignment	**gūng-fo** (M:fahn)	功課
assist	**bōng (sáu)**	幫手
assistant	**bōng-sáu; joh-sáu**	幫手；助手
association	**hip-wúi** (M:go)	協會
assume	**dong**	當
astigmatism	**sáan-gwōng**	散光
at last	**jūng-yū; sāu-mēi**	終於；收尾
at least	**jeui síu**	最小
at that time	**gó-jahn-(sìh)**	嗰陣時
athletic meet	**wahn-duhng-wúi**	運動會

atmosphere	**hei-fān**	氣氛
attack	**gūng-gīk**;	攻擊：
	(body) **jaahp-gīk**	襲擊
attempt	**sèuhng-si** ◇si-háh (~ to)	嘗試
attend	**chēut-jihk**	出席
attention	**jyu-yi** ◇làuh-sām (pay ~)	注意
attitude	**taai-douh**	態度
attract	**kāp-yáhn**	吸引
attractive	**kāp-yáhn; leng**	吸引：靚
auction	**paak-maaih**	拍賣
audience	**gwūn-jung**;	觀眾
	(listener)**ting-jung** (M:bāan)	聽眾
Australia	**Ou-jāu**	澳州
author	(of a book)**jok-jé**	作者
authority	**kyùhn-lihk**	權力
automatic	**jih-duhng**	自動
auto-transfer	(account) **jih-duhng jyún-jeung**	自動轉賬
autumn	**chāu-tīn** (M:go)	秋天
available	**yáuh; yáuh-dāk** + V	有：有得
average	①(level) **yāt-būn**	一般
	②**pìhng-gwān**	平均
	◇~ fān (~ mark)	
avoid	**beih-míhn**	避免
awake	**séng-jó**	醒咗
award	**jéung** (M:go)	獎
	◇dāk ~ (receive ~);	
	(gift)**jéung-bán** (M:fahn)	獎品
aware	**làuh-yi dou**	留意到
awful	**dāk-yàhn-gēng**	得人驚
awhile	**yāt-jahn-(gāan)**	一陣間

B

baby	**bìh-bī-jái**	啤啤仔

baby chair	**bìh-bī-dang** (M:jēung)	啤啤櫈
back	①**hauh-bihn**	後邊
	②(body) **bui-jek**	背脊
	③(return)**fāan-làih**	返嚟
back door	**hauh-mún**	後門
background	**bui-gíng**	背景
backward	①(culture, etc)**lohk-hauh**	落後
	②**heung hauh**	向後
bacon	**yīn-yuhk** (M:faai)	煙肉
bad	①**chā** ②(worse)**waaih**	差，壞
bad breath	**yáuh háu-hei**	有口氣
badge	**jēung** (M:go)	章
badminton	**yúh-mòuh-kàuh** (M:go)	羽毛球
	◇**dá ~** (play ~)	
bag	**dói** (M:go) ◇**jí-~** (paper ~)	袋
	◇**gāau-~** (plastic ~)	
	◇**sáu-~** (hand~)	
baggage	**hàhng-léih** (M:gihn)	行李
bake	**guhk**	焗
balance	**pìhng-hàhng**	平衡
balcony	**louh-tòih; kèh-láu** (M:go)	露台；騎樓
bald	**gwōng-tàuh**	光頭
ball	**bō** (M:go)	波
	◇**dá ~** (play ~games)	
ball-pen	**yùhn-jí-bāt** (M:jī)	原子筆
ballet	**bā-lèuih-móuh**	芭蕾舞
	◇**tiu ~** (dance ~)	
balloon	**bō; hei-kàuh** (M:go)	波；氣球
banana	**(hēung)-jīu** (M:jek; sō)	香蕉
band	**ngohk-déui** (M:deuih)	樂隊
bandage	**bāng-dáai** (M:tìuh)	繃帶
	◇**jaat ~** (~)	
bank	**ngàhn-hòhng** (M:gāan)	銀行
bankrupt	**po-cháan**	破產
bar	①**jáu-bā** (M:gāan)	酒吧
	②(handle) **fùh-sáu** (M:tìuh)	扶手

bargain	**góng ga**	講價
barbecue	**sīu-yéh-sihk**	燒嘢食
base	(of sth)**dái** (M:go)	底
base on	**gān-geuih; yī-jiu**	根據；依照
baseball	**páahng-kàuh**	棒球
	◇**dá ~** (play ~)	
basic	①**gēi-bún**	基本
	②(foundation)**gēi-chó**	基礎
basically	**gēi-bún-seuhng**	基本上
basin	**pùhn** (M:go)	盆
basket	**láam** (M:go)	籃
basketball	**làahm-kàuh** (M:go)	籃球
	◇**dá ~** (play ~)	
bath	**chūng lèuhng**	冲涼
bathroom	**chūng-lèuhng-fóng** (M:go)	冲涼房
bath-tub	**yuhk-gōng** (M:go)	浴缸
battery	**dihn-(sām)** (M:gauh)	電芯
be	(work as)**jouh**	做
beach	**sā-tāan; hói-tāan** (M:go)	沙灘；海灘
bean	**dáu** (M:nāp)	豆
beard	**wùh-sōu** ◇làuh ~ (grow a ~)	鬍鬚
beat	**dá**	打
beautiful	**leng**	靚
because	**yān-waih**	因為
because of	**yàuh-yū...**	由於
become	**bin-sèhng**	變成
bed	**chòhng** (M:jēung)	牀
	◇**séuhng ~** (go to ~)	
bedroom	**seuih-fóng** (M:gāan)	睡房
bed sheet	**chòhng-dāan** (M:jēung)	牀單
bed spread	**chòhng-kám** (M:go)	牀冚
bee	**maht-fūng** (M:jek)	蜜蜂
beef	**ngàuh-yuhk**	牛肉
beer	**bē-jáu**	啤酒
before	**...(jī)-chìhn**	……之前
beforehand	**sih-sīn; yuh-sīn**	事先；預先

beg	**kàuh**	求
beggar	**hāt-yī**	乞兒
begin(ning)	**hōi-chí**	開始
beginner	**chō-hohk-jé**	初學者
behave badly	**yáih**	曳
behave well	**gwāai**	乖
behaviour	**hàhng-wàih**	行為
behind	**hái...hauh-bihn**	喺…後邊
beige	**máih-sīk; hahng-sīk**	米色；杏色
believe	**(sēung)-seun**	相信
bell	**jūng** (M:go)	鐘
	◇**dá ~** (ring a ~)	
	◇**gahm ~** (press a ~)	
belly	**tóuh-náahm** (M:go)	肚腩
belong to	**suhk-yū**	屬於
below	①**Nu + yíh-hah**	以下
	②**hái... hah-bihn**	喺……下邊
belt	**pèih-dáai** (M:tìuh)	皮帶
	◇**laahm ~** (wear a ~)	
bench	**chèuhng-dang** (M:jēung)	長櫈
bend	**ngáau**	拗
beneficial	**yáuh-yīk**	有益
benefit	①(advantage)**yīk-(chyu)**	益處
	②(allowance)**jēun-tip**	津貼
beside	**hái... pòhng-bīn**	喺…旁邊
besides	**yìh-ché**	而且
best	**jeui hóu**; (formal)**jeui-gāai**	最好；最佳
bestman	**buhn-lòhng**	伴郎
bet	**dóu; syū-dóu**	賭；輸賭
bet on	**máaih...yèhng**	買…贏
better	①**hóu-dī** ②(had ~)**bāt-yùh**	好啲，不如
between	**...tùhng...jī-gāan**	…同…之間
beware of	**síu-sām**	小心
Bible	**sing-gīng** (M:bún)	聖經
bicycle	**dāan-chē** (M:ga)	單車
	◇**cháai ~** (ride ~)	

big	**daaih**	大
bill	**dāan** (M:jēung)	單
	◇**màaih** ~ (check the ~)	
billiards	**cheuk-kàuh**	桌球
	◇**dá** ~ (play ~)	
bind	①**jaat** ②(book) **dēng-jōng**	紮；釘裝
bird	**jéuk; jeuk-jái** (M:jek)	雀；雀仔
birthday	**sāang-yaht** ◇~ faai-lohk! (Happy ~!)	生日
birthday cake	**sāang-yaht daahn-gōu** (M:go)	生日蛋糕
birthday card	**sāang-yaht-kāat** (M:jēung)	生日卡
biscuit	**béng-gōn** (M:faai; hahp; tùhng)	餅乾
bite	**ngáauh**	咬
bitter	**fú**	苦
black	**hāak-(sīk)**	黑色
black-and-white	**hāak-baahk**	黑白
black coffee	**jāai-fē** (M:būi)	齋啡
black list	**hāak-mìhng-dāan** (M:go)	黑名單
	◇**yahp** ~ (~ed)	
blackboard	**hāak-báan** (M:faai; go)	黑板
blame	**gwaai-(jaak)**	怪責
blank	**hūng-baahk**	空白
blanket	**jīn; péih** (M:jēung)	毯；被
	◇**kám** ~ (cover with a ~)	
bleach	**piu-baahk**	漂白
bleed	**làuh hyut**	流血
blend	**lōu-màaih**	撈埋
blender	**gáau-buhn-gēi** (M:ga; go)	攪拌機
bless	①(god)**bóu-yau** ②**jūk-fūk**	保佑，祝福
blind	**màahng**	盲
blood	**hyut**	血
blood pressure	**hyut-ngaat**	血壓
blood test	**yihm hyut**	驗血

blouse	**(néuih-jōng) sēut-sāam** (M:gihn)	女裝恤衫
blow	**chēui** ◇~-jáu (~ away) ◇~-gōn (~ dry)	吹
blue	**làahm-(sīk)**	藍色
blunt	①(blade)**deuhn**	鈍
	②(point)**gwaht**	倔
blurred	**ngáahn mùhng**	眼矇
blush	**mihn-hùhng**	面紅
board	**báan** (M:faai)	板
boarding pass	**dāng-gēi-jing** (M:go)	登機證
boat	**syùhn**; (small)**téhng** (M:jek)	船；艇
boast	**jih-géi jaan jih-géi**	自己讚自己
boating	①(sport)**wā-téhng**	划艇
	②**pàh-téhng**	扒艇
body	**sān-tái** (M:go)	身體
body guard	**bóu-bīu**	保鑣
boil	①(V)**bōu**	煲
	②(N)**chōng** (M:nāp)	瘡
bomb	**ja-dáan** (M:go)	炸彈
bone	**gwāt** (M:gauh)	骨
bonus	**fā-hùhng**; **jéung-gām**	花紅；獎金
book	**syū** (M:bún)	書
book mark	**syū-chīm** (M:go)	書籤
book shelf	**syū-gá** (M:go)	書架
book store	**syū-dim** (M:gāan)	書店
boot	**hēu** (M:deui; jek)	靴
border	**bīn** (M:tìuh)	邊
boring	**muhn**	悶
born	**chēut sai**	出世
borrow	**je** ◇ngóh ~ kéuih $100 (I ~ $100 from him)	借
boss	**lóuh-sai**; **lóuh-báan**	老細；老闆
bossy	**hou-gwún-hàahn-sih**	好管閒事
both	**léuhng** + M +**dōu**	兩……都
both...and...	**yauh** + Adj + **yauh** +Adj	又…又…

15

bottle	①**jēun** (M:go)	樽
	②(M) **jēun**; **jī**	樽；枝
bottom	**dái** (M:go)	底
boundary	**gaai** (M:tìuh)	界
bounce	**daahn**	彈
bowl	**wún** (M:jek)	碗
bowling	**bóu-lìhng-kàuh** (M:go)	保齡球
	◇**dá** ~; (colloq)**lūk līng**	
	(play ~)	
box	①**háp** (M:go); (M)**hahp**	盒
	②(large) **sēung** (M:go)	箱
boxing	**kyùhn-gīk**	拳擊
boy	**nàahm-jái** (M:go)	男仔
boyfriend	**nàahm pàhng-yáuh**	男朋友
bra	**hūng-wàih** (M:go)	胸圍
	◇**daai** ~ (wear a ~)	
bracelet	**sáu-ngáak** (M:jek)	手鈪
	◇**daai** ~ (wear a ~)	
brain	**nóuh** (M:go)	腦
	◇**móuh** ~ (~less)	
branch	①(bank)**fān-hóng**;	分行；
	(shop)**fān-dim**;	分店
	(office) **fān-gūng-sī**	分公司
	(M:gāan)	
	②(tree) **syuh-jī** (M:jī)	樹枝
brand-(name)	**pàaih-jí** (M:go);	牌子
	(famous)**mìhng-pàaih**	名牌
brave	**yúhng-gám**	勇敢
bread	**mihn-bāau** (M:go, faai)	麵包
break	①(rest)**yāu-sīk** (M:chi)	休息
	②**dá-laahn**; **jíng-laahn**	打爛；整爛
	③(into two) **tyúhn-(hōi)**	斷開
break down	**waaih-(jó)**	壞咗
break up	**fān sáu**	分手
breakfast	**jóu-chāan** (M:go)	早餐
breast	**hūng** (M:go)	胸

breathe	**fū-kāp; táu hei**	呼吸；抖氣
	◇táu-m̀h-dóu hei (cannot ~)	
breeze	**fūng** (M:jahm)	風
bribe	**kúi-louh; sái hāak-chín**	賄賂；駛黑錢
bride	**sān-néung**	新娘
bridegroom	**sān-lóng**	新郎
bridesmaid	**buhn- néung**	伴娘
bridge	① **kìuh** (M:tìuh)	橋
	② (game) **kìuh-páai**	橋牌
	◇dá ~ (play ~)	
brief	**gáan-leuhk**	簡略
brief case	**gūng-sih-bāau** (M:go)	公事包
briefs	**dái-fu** (M:tìuh)	底褲
bright	**gwōng**	光
brilliant	**lēk; chūng-mìhng**	叻；聰明
bring	**daai; ló; nīng**	帶；攞；擰
broadcast	**(gwóng)-bo**	（廣）播
broker	**gīng-géi**	經紀
bronchitis	**jī-hei-gún-yìhm**	支氣管炎
bronze	**tùhng**	銅
brooch	**sām-háu-jām** (M:go)	心口針
broom	**sou-bá** (M:bá)	掃把
brother	① (elder) **daaih-lóu; gòh-gō**	大佬；哥哥
	② (younger) **sai-lóu;**	細佬
	dàih-dài	弟弟
brothers	**hīng-daih**	兄弟
brothers and sisters	**hīng-daih jí-muih**	兄弟姊妹
brown	**(ga)-fē-sīk**	（咖）啡色
brown sugar	**wòhng-tòhng**	黃糖
bruise	**yú**	瘀
brush	① (V) **chaat**	擦
	② (N) **sóu**; (hard) **cháat** (M:go)	掃；刷
bubble	**póuh**	泡
bucket	**túng** (M:go)	桶

buckle	**kau** (M:go)	扣
bud	① (branch, leaf) **ngàh**	芽
	② (flower) **fā-lām**	花冧
Buddhism	**Faht-gaau**	佛教
budget	**yuh-syun** (M:go)	預算
buffet	**jih-joh-chāan**	自助餐
build	**héi**	起
building	**daaih-hah; láu** (M:joh)	大廈；樓
bulb	**dāng-dáam** (M:go)	燈膽
bullet	**jí-dáan** (M:nāp; faat)	子彈
bullshit	**fai-wá** (M:dēui)	廢話
	◇faai āp-fūng (~ing)	
bully	**hā**	"蝦"
bump into	**johng-(màaih)**	撞埋
bunch	**jah**	束；簇
bundle	**jaat**	紮
burden	**fuh-dāam**	負擔
burglar	**cháak**	賊
burn	**sīu**	燒
burnt	① (cook) **nūng**	燶
	② (heat) **laat-chān**	辣親
	③ (liquid) **luhk-chān**	淥親
	④ (fire) **sīu-sēung**	燒傷
bus	**bā-sí** (M:ga)	巴士
bus stop	**bā-sí jaahm** (M:go)	巴士站
business	① **sāang-yi**	生意
	◇jouh ~ (make ~)	
	② **sēung-yihp**	商業
business man	(colloq) **sāang-yi-lóu;**	生意佬；
	(formal) **sēung-yàhn**	商人
busy	**mòhng; m̀h-dāk-haàhn**	忙；唔得閒
but	**bāt-gwo; daahn-haih**	不過；但係
butter	**ngàuh-yàuh** (M:gauh)	牛油
	◇chàh ~ (spead ~)	
butterfly	**wùh-díp** (M:jek)	蝴蝶
button	① **náu** ◇kau ~ (~ up)	鈕

	② **jai** ◇gahm ~ (press ~)	揢
buy	**máaih**	買

C

cabbage	**yèh-choi** (M:go)	椰菜
cable	**sin** (M:tìuh)	線
	◇bo ~ (connect a ~)	
cable car	**laahm-chē** (M:ga)	纜車
cable TV	**yáuh-sin dihn-sih**	有線電視
cage	**lùhng** (M:go)	籠
	◇wan hái ~ -douh (keep in a ~)	
cake	**daahn-gōu; bēng** (M:go; gihn) ◇guhk ~ (bake ~)	蛋糕；餅
calculate	**gai (sou)**	計（數）
calculator	**gai-sou-gēi** (M:go; bouh)	計數機
calendar	**yaht-lihk** (M:go)	日曆
call	① **giu; aai**	叫；嗌
	② (phone) **dá dihn-wá**	打電話
	◇ ~ béi ngóh (give me a ~)	
	◇ ~ heui gūng-sī (make a ~ to office)	
call off	**làhm-sìh chéui-sīu**	臨時取消
called as	**giu-(jouh)**	叫（做）
calm	**daahm-dihng; jan-dihng**	淡定；鎮定
camera	**séung-gēi** (M:ga)	相機
	◇jih-duhng ~ ; sòh-gwā-gēi (auto ~)	
camera face	**séuhng-geng**	上鏡
camera man	**sip-yínp-sī**	攝影師
camp	**louh-yìhng**	露營
campaign	**wahn-duhng** (M:go)	運動
camphor	**jēung-nóuh**	樟腦
can	① V + **dāk; hó-yíh** + V;	得；可以；

19

	(know how)**sīk**	識
	②(N/M)**gwun** (M:go)	罐
can-opener	**gun-táu-dōu** (M:bá)	罐頭刀
Canada	**Gā-nàh-daaih**	加拿大
cancel	**chéui-sīu**	取消
cancer	**ngàahm-jing**	癌症
candle	**laahp-jūk**	蠟燭
candy	**tóng** (M:nāp; bāau)	糖
canned food	**gun-táu** (M:go)	罐頭
canoe	**duhk-muhk-jāu** (M:jek)	獨木舟
	◇pàh ~ (row a ~)	
canteen	**faahn-tòhng** (M:go)	飯堂
Cantonese	**Gwóng-dūng-wá**	廣東話
cap	**(ngaap-sit)-móuh** (M:déng)	鴨舌帽
	◇daai ~ (wear a ~)	
capable	**bún-sih; nàhng-gon**	本事；能幹
capital	①**bún-chìhn; jī-gām**	本錢；資金
	②(country)**sáu-dōu**	首都
capsule	**gāau-lòhng** (M:nāp)	膠囊
car	**chē; sī-gā-chē** (M:ga)	車；私家車
car park	**tìhng-chē-chèuhng** (M:go)	停車場
card	**kāat** (M:jēung)	卡
cardboard	**kāat-jí** (M:jēung)	卡紙
cardigan	**lāang ngoih-tou** (M:gihn)	冷外套
care	**gwāan-sām**	關心
career	**sih-yihp**	事業
carefree	**mòuh-yāu-mòuh-leuih**	無憂無慮
careful	**síu-sām**	小心
cargo	**fo-gwaih** (M:go)	貨櫃
	◇~-chē (~ truck)	
carnation	**hōng-náaih-hīng**	康乃馨
carpet	**deih-jīn** (M:jēung)	地氈
	◇pōu ~ (cover the floor with ~)	
carrot	**hùhng-lòh-baahk** (M:go)	紅蘿蔔
carry	①**nīng; ló; nīk**	擰；攞；摙

	②(vehicle) **joi-(jyuh)**	載住
carry along	**daai**	帶
carry out	**saht-hàhng**	實行
carry under arm	**gihp-(jyuh)**	夾住
cash	**yihn-gām**	現金
cash a cheque	**deui-yihn (jī-piu)**	兌現支票
cashier	**sāu-ngán-(yùhn)** (M:go)	收銀員
casino	**dóu-chèuhng** (M:go)	賭場
cassette tape	**(luhk-yām)-dáai** (M:béng)	錄音帶
	◇bo ~ (play ~)	
	◇gwo dáai (copy ~s)	
casual	**chèuih-bín**	隨便
casual wear	**bihn-fuhk**	便服
cat	**māau** (M:jek)	貓
catalogue	**muhk-luhk** (M:go)	目錄
catch	**jūk**	捉
catch up	**jēui-(dāk-séuhng)**	追得上
category	**júng-leuih**	種類
catering	**dou-wuih**	到會
Catholic	(Roman)**Tīn-jyú-gaau**	天主教
cause	①**héi-yān** ②(V) **yáhn-héi**	起因，引起
cautious	**síu-sām**	小心
cavity	**jyu-ngàh**	蛀牙
ceiling	**tīn-fā-báan** (M:go)	天花板
celebrate, celebration	**hing-jūk**	慶祝
celery	**sāi-kàhn** (M:pō)	西芹
centimetre	**lèih-máih**	厘米
central	**jūng-yēung**	中央
centre	**jūng-sām** (M:go)	中心
century	**sai-géi** (M:go)	世紀
certain	**háng-dihng**	肯定
certainly	**yāt-dihng; gáng-haih**	一定；梗係
	dōng-yìhn	當然
certificate	**jing-syū** (M:jēung)	證書

chain	**lín** (M:tìuh)	鍊
chair	**dang; yí** (M:jēung)	櫈；椅
chairman	**jyú-jihk**	主席
challenge	**tīu-jin** ◇yáuh ~-sing (challenging)	挑戰
champagne	**hēung-bān** (M:jī)	香檳
champion	**gun-gwān**	冠軍
chance	**gēi-wuih** (M:go)	機會
change	①(**gói**)-**bin** ②**jyun; wuhn** ③(transport) **jyun chē** ④(N) **sáan-jí; sáan-ngán**	改變，轉；換 轉車 散紙；散銀
change into	**bin-sèhng**	變成
changing room	**gāng-yī-sāt** (M:go)	更衣室
chapter	**jēung** ◇daih-yāt ~ (~ one)	章
character	①(person)**sing-gaak** ②**jih** (M:go)	性格 字
characteristic	**dahk-dím**	特點
charcoal	**taan**	炭
charge	①**sāu chín** ◇Sāu géi chín a? (How much do you ~?) ②(N) **sāu-fai**	收錢 收費
charity	**chìh-sihn**	慈善
charm	**kāp-yáhn-lihk; meih-lihk** ◇yáuh ~ (~ing)	吸引力： 魅力
chase after	**jēui**	追
chase away	**gón-(jáu)**	趕走
chat	**kīng gái**	傾偈
cheap	**pèhng**	平
cheat	**ngāak**	呃
check	**gím-chàh; tái-háh**	檢查；睇吓
checks	**gaak-jái**	格仔
cheek	**mihn** (M:faai)	面
cheerful	**hōi-lóhng**	開朗
cheering team	**lā-lā-déui** (M:deuih)	啦啦隊
cheers!	**yám-būi; yám-sing**	飲杯；飲勝
cheese	**jī-sí** (M:gauh)	芝士

chef	**daaih-chyú; chyùh-sī**	大廚;廚師
cheque	**jī-piu** (M:jēung)	支票
	◇**hōi** ~; **sé** ~ (write a ~)	
	◇**deui-yihn** ~ (cash a ~)	
chess	**kéi** ◇**jūk** ~ (play ~)	棋
chest	**sām-háu** (M:go)	心口
chew	**jiuh**	嚼
chewing gum	**hēung-háu-gāau**	香口膠
	(M:faai;tùhng)	
chicken	**gāi** (M:jek)	雞
chicken breast	**gāi-hūng-yuhk**	雞胸肉
chicken leg	**gāi-béi** (M:jek)	雞脾
chicken wing	**gāi-yihk** (M:jek)	雞翼
child(ren)	**sai-lóu-gō;**	細路哥;
	sai-louh-jái	細路仔
childish	**yau-jih**	幼稚
childhood	**tùhng-nìhn**	童年
childlike	**tīn-jān**	天真
chilled	**syut-dung**	雪凍
chili	**laaht-jīu** (M:jek)	辣椒
chin	**hah-pàh** (M:go)	下巴
china	**chìh-hei** (M:gihn)	瓷器
China	**Jūng-gwok;** (Mainland)	中國
	(colloq)**Daaih-luhk**	大陸
China dress	**chèuhng-sāam**(M:gihn)	長衫
Chinatown	**tòhng-yàhn-gāai** (M:go)	唐人街
Chinese	**hon-jih;**	漢字;
character	**jūng-màhn-jih** (M:go)	中文字
Chinese cuisine	**jūng-(gwok) choi**	中國菜
Chinese	**Jùng-màhn**	中文
language		
Chinese New	**Nùhng-lihk-nìhn;**	農曆年;
Year	**Chēun-jit** ◇**gwo** ~	春節
	(spend, enjoy ~)	
	◇**Gūng-héi faat-chòih!**	
	(Happy New Year!)	

chocolate	**jyū-gū-līk**	朱古力
choice	**syún-jaahk** (M:júng; go)	選擇
choose	**gáan**	揀
chop	**jáam**	斬
chopsticks	**faai-jí** (M:deui; sēung)	筷子
	◇gaap (grab with ~)	
Christian	**Gēi-dūk-gaau**	基督教
Christmas	**Sing-daan-(jit)**	聖誕節
	◇~ faai-lohk! (Merry ~)	
	◇gwo ~ (spend, enjoy ~)	
	◇~-ga (~ holiday)	
	◇sé ~ kāat (write ~ card)	
	(M:jēung)	
chrysanthe-mum	**gūk-fā**	菊花
church	①**gaau-wúi** (M:go)	教會
	②(building)**gaau-tóng**	教堂
	(M:gāan)	
cigar	**syut-gā** (M:jī)	雪茄
	◇sihk ~ (smoke ~)	
cigarette	**yīn** (M:bāau; jī)	煙
	◇sihk ~ (smoke ~)	
cinema	**hei-yún** (M:gāan)	戲院
circle	①(N)**(yùhn)-hyūn** (M:go)	圓圈
	②(V)**hyūn**	圈
	◇~-chēut-làih (~ out)	
circumstance	**chìhng-yìhng** (M:go)	情形
citizen	**gūng-màhn**	公民
city	**sìhng-síh** (M:go)	城市
clap hands	**paak sáu**	拍手
class	①**bāan** (M:go)	班
	②(social)**gāi-chàhng** (M:go)	階層
classic(al)	**gú-dín**	古典
classify	**fàn-leuih**	分類
classmate	**tùhng-hohk**	同學
classroom	**baān-fóng; fo-sāt** (M:go)	班房；課室

clean	**gōn-jehng**	乾淨
clean up	(house)**dá-sou**;	打掃；
	jíng gōn-jehng	整乾淨
clear	**chīng-chó**	清楚
clever	**chūng-mìhng**	聰明
client	①**haak-yàhn**	客人
	②(company)**haak-wuh**	客戶
climate	**tīn-hei; hei-hauh**	天氣；氣候
climb	**pàh** ◇~ sāan (~ up a hill)	爬
clinic	**chán-só** (M:gāan)	診所
clip	①**gíp** (M:go)	夾
	②(V)**gihp-(jyuh)**	夾住
clock	**jūng** (M:go)	鐘
close	**sāan**; (shop)**sāan-mùhn**	閂；閂門
cloth	**bou** (M:faai)	布
clothes	**saām** (M:gihn)	衫
	◇wuhn ~ (change ~)	
	◇jeuk ~ (wear ~)	
	◇chèuih ~ (undress)	
cloud	**wàhn** (M:gauh)	雲
club	①**wúi**(M:go)◇yahp~(joina~)	會
	②(complex)**kēui-lohk-bouh**	俱樂部
	(M:gāan)	
club sandwich	**gūng-sī sāam-màhn-jih**	公司三文治
clumsy	**leuhn-jeuhn**	論盡
coach	**gaau-lihn**	教練
coarse	**hàaih-(saahp-saahp)**	鞋焓焓
coast	**hói-bīn**; (formal)**hói-ngohn**	海邊；海岸
coat	**lāu** (M:gihn)	褸
Coca Cola	**(Hó-háu) hó-lohk**	可口可樂
cockroach	**gaht-jáat** (M:jek)	甲由
code	①(number)**maht-máh**	密碼
	②**ngam-houh**	暗號
coffee	**ga-fē**	咖啡
coincident	**kíu; háau-hahp**	橋；巧合
cold	①**dung** ②**sēung-fūng**	凍，傷風

collapse	**lam-(jó)**	冧咗
collar	**léhng** (M:tìuh)	領
colleague	**tùhng-sih**	同事
collect	**sāu-jaahp**	收集
colloquial	**háu-yúh**	口語
colour	**(ngàahn)-sīk**	顏色
colourful	**ńgh-ngàahn-luhk-sīk;** **chāt-chói**	五顏六色； 七彩
comb	**sō** (M:bá) ◇~ tàuh (~ hair)	梳
combination	**jóu-hahp**	組合
combine	**gaap-màaih... (yāt-chàih)**	夾埋…一齊
come	**làih**	嚟
come across	**gin-gwo**	見過
come back	**fāan-làih**	返嚟
come down	**lohk-làih**	落嚟
come on	**làih lā!**	嚟啦
come over here	**gwo-làih**	過嚟
come up	**séuhng-làih**	上嚟
comfort	**ōn-waih**	安慰
comfortable	**syū-fuhk**	舒服
comic	**maahn-wá**	漫畫
coming	**làih-gán** ◇~ ge sīng-kèih- luhk (~ Saturday)	嚟緊
comment	**yi-gin**	意見
commercial	**sēung-yihp-(fa)**	商業化
commission	**yúng-(gām)** (M:bāt)	佣金
common	**póu-tūng**	普通
common sense	**sèuhng-sīk**	常識
communicate	**kāu-tūng**	溝通
companion	**púhn** ◇ngóh yáuh néih jouh ~ (I have you as a ~)	伴
company	**gūng-sī** (M:gāan)	公司
comparable	**béi-dāk-séuhng** ◇móuh-dāk-béi (in~)	比得上
compare	**béi-gaau**	比較
compare to	**béi-héi**	比起

compensate,	① **bóu-sèuhng**	補償
compensation	② (money) **pùih-(sèuhng)**	賠償
compete	**dau; jāang**	鬥;爭
competition	① **ging-jāng** ② **béi-choi**	競爭,比賽
	(M:go) ◇**chāam-gā** ~	
	(participate in a ~)	
complain	**tàuh-sou**	投訴
complete	① (task) V + **yùhn**;	完;
	yùhn-sìhng	完成
	② (Adj) **yùhn-jíng**	完整
completely	**yùhn-chyùhn** + V	完全
complexion	**fū-sīk**	膚色
complicated	**fūk-jaahp**	複雜
complications	**bing-faat-jing**	併發症
compound	**wahn-hahp**	混合
comprehend	**léih-gáai**	理解
compromise	**tóh-hip; yeuhng-bouh**	妥協;讓步
compulsory	**yāt-dihng yiu**	一定要
computer	**dihn-nóuh** (M:bouh)	電腦
	◇**dá** ~ (use ~)	
concave	**nāp-(lohk-heui)**	凹落去
conceal	**yán-mùhn**	隱瞞
concentrate	① **jaahp-jūng**	集中
	② (mind) **jaahp-jūng jīng-**	集中精神;
	sàhn; jyūn-sām	專心
concept	**koi-nihm**;	概念;
	(social) **gwūn-nihm** (M:go)	觀念
concern	**gwāan-sām**	關心
concerning	**gwāan-yū; yáuh-gwāan**	關於;有關
concert	① (singer) **yín-cheung-wúi**	演唱會
	(M:go) ◇**tái** ~ (go to ~)	
	② **yām-ngohk-wúi** (M:go)	音樂會
	◇**tēng** ~ (go to ~)	
conclusion	**git-leuhn** (M:go)	結論
	◇**hah** ~ (come to a ~)	
condensed	**nùhng-sūk**	濃縮

condition	① (situation) **chìhng-yìhng** (M:go) ② **tìuh-gín** (M:go)	情形 條件
condom	**beih-yahn-tou**; (colloq) **dói** (M:go) ◇daai ~ (wear ~)	避孕套；袋
conduct	① (N) **hàhng-wàih** ② (V) **jí-fāi**	行為 指揮
conductor	(orchestra, etc) **jí-fāi**	指揮
conference	**wúi; wuih-yíh** (M:go) ◇hōi-gán wúi (in a ~)	會；會議
conference room	**wuih-yíh-sāt** (M:go)	會議室
confess	**yihng cho**	認錯
confession	**chaam-fui**	懺悔
confidence	**seun-sām** ◇yáuh ~ (confident)	信心
confidential	**gēi-maht**	機密
confirm	**kok-saht**	確實
conflict	**chūng-daht**	衝突
confused	**lyuhn; wahn-ngàauh**	亂；混淆
confusion	**wahn-lyuhn** ◇yáhn-héi ~ (cause ~)	混亂
congee	**jūk** ◇bōu ~ (cook ~)	粥
congested	**bīk**	迫
congratulate, congratulation	**gūng-héi**	恭喜
connect	**lìhn-jip; jip-bok**	連接；接駁
connection	**gwāan-haih**	關係
conscience	**lèuhng-sām**	良心
consequence	**hauh-gwó**	後果
conservative	**bóu-sáu**	保守
consider	**háau-leuih**	考慮
consider as	**syun-haih**	算係
considerate	**waih yàhn jeuhk-séung**	為人着想
consist of	**bāau-kwut**	包括
consolation prize	**ōn-waih-jéung**	安慰獎

constipation	**bihn-bei**	便秘
construction	**gūng-chìhng**	工程
construction site	**deih-pùhn** (M:go)	地盤
consulate	**líhng-sih-gún** (M:go)	領事館
consult	**mahn…yi-gin**	問…意見
consultant	**gu-mahn**	顧問
consumer	**sīu-fai-jé**	消費者
contact	① **lyùhn-lok** ◇ ~ dihn-wá (~ phone number)	聯絡
	② (social) **jip-jūk**	接觸
contact lens	**yán-yìhng ngáahn-géng** (M:fu) ◇daai ~ (wear ~)	隱形眼鏡
contagious	**wúih chyùhn-yíhm yàhn ge**	會傳染人嘅
container	① **háp; gun** (tin) (M:go) ◇chyùhn-hei ~ (air-tight ~)	盒；罐
	② (goods) **fo-gwaih** (M:go)	貨櫃
contemporary	**yihn-doih**	現代
content	**noih-yùhng**	內容
contented	**múhn-yi; múhn-jūk**	滿意；滿足
contest	**béi-choi** (M:go) ◇chāam- gā ~ (participate in a ~)	比賽
continue	**gai-juhk**	繼續
continuously	**m̀h-tìhng gám** + V	唔停咁…
contraceptive	**beih-yahn-yún**	避孕丸
contract	① **(hahp)-yeuk** (M:fahn) ◇chīm ~ (sign ~)	合約
	② (V) **sāu-sūk**	收縮
contradiction, contradictory	**màauh-téuhn**	矛盾
contrast	**deui-béi** ◇kèuhng-liht ~ (strong ~)	對比
contribution	**gung-hin**	貢獻
control	**hung-jai** ◇sāt-hung (lost ~)	控制
convenient	**fōng-bihn;** (location) **jauh-geuk**	方便；就脚

conversation	**deui-wah; wuih-wá** (M:go)	對話：會話
convert into	**jyun-sèhng**	轉成
convex	**daht-héi**	凸起
convey	(to sb)**bíu-daaht**	表達
convince	**lihng...(sēung)-seun**	令…相信
cook	**jyú-faahn;**	煮飯：
	jíng yéh sihk ◊Dím jíng a? (How do you ~ it?)	整嘢食
cookery	(formal)**pāang-yahm**	烹飪
cookies	**kūk-kèih-béng** (M:faai)	曲奇餅
cool	**lèuhng-(sóng)**	涼爽
cool down	**tāan-dung**	攤凍
co-operate	**hahp-jok**	合作
co-ordination	**hip-tìuh**	協調
cope with	**ying-fuh**	應付
copper	**tùhng**	銅
copy	①(N)**fu-bún**	副本
	②(hand)**chāau**	抄
	③(photocopy)**yíng-yan**	影印
	④(tapes)**gwo dáai**	過帶
copyright	**báan-kyùhn**	版權
cord	**(dihn)-sin** (M:tìuh)	電線
cordless phone	**mòuh-sin dihn-wá** (M:go)	無線電話
cork	**(séui-chùhng)-jāt** (M:go)	水松塞
corn	①(foot)**gāi-ngáahn** (M:nāp)	雞眼
	②(on the cob)**sūk-máih**	粟米
corner	**gok-lōk-(táu)**	角落頭
cornflakes	**sūk-máih-pín**	粟米片
corporation	**gūng-sī** (M:gāan)	公司
correct	①(error)**gói** ②(Adj)**ngāam**	改，啱
corridor	**jáu-lóng** (M:tìuh)	走廊
cosmetic	**fa-jōng-bán**	化粧品
cost	①**sìhng-bún**	成本
	②(price)**ga-chìhn**	價錢
cotton	①**mìhn-fā** ②(fabric)**mìhn**	棉花，棉
cough	**kāt**	咳

cough syrup	**kāt-yeuhk-séui** (M:jī)	咳藥水
count	**sóu** ◇~-m̀h-jeuhn (uncountable)	數
counter	①**gwaih-wái**	櫃位
	②(cashier)**gwaih-mín**	櫃面
counter part	**deui-sáu**	對手
country	**gwok-gā** (M:go)	國家
coupon	**jahng-gyun** (M:jēung)	贈券
courage	**yúhng-hei**	勇氣
course	**fo-chìhng** (M:go)	課程
court	(law) **faat-tìhng** (M:go)	法庭
courtesy	**láih-maauh**	禮貌
cover	①(book)**fūng-mín** (M:go)	封面
	◇**ngaahng-péi** (hard ~)	
	②**tou** (M:go)	套
cover up	①**kám-(jyuh)**	冚住
	②(wrap)**tou-(jyuh)**	套住
cow	**ngàuh** (M:jek)	牛
crab	**háaih** (M:jek)	蟹
crack	①**liht-hàhn** (M:tìuh)	裂痕
	②(V)**liht-hōi**	裂開
cradle	**yìuh-láam** (M:go)	搖籃
	◇**yìuh** ~ (rock the ~)	
craft	**gūng-ngaih-bán** (M:gihn)	工藝品
cramp	**chāu gān**	抽筋
crash into	**hám-(màaih)**; **johng-(màaih)**	砍埋；撞埋
crawl	**pàh**; **lāan**	爬；躝
crazy	**chī-sin**	黐線
cream	①**geih-līm**	忌廉
	②(face)**yeuhn-fū-sēung**	潤膚霜
	③(med) **yeuhk-gōu** (M:jī)	藥膏
crease	①(N)**jip-hán** ②(V)**chàauh**	接痕，縐
create	**chong-jouh**; (art)**chong-jok**	創造；創作
creative	**yáuh chong-yi**	有創意
credit	**seun-yuhng**	信用

31

credit card	**seun-yuhng-kāat** (M:jēung)	信用卡
cricket	**muhk-kàuh** ◇dá ~ (play ~)	木球
crime	**jeuih** ◇faahn ~(commit a ~)	罪
crispy	**cheui**; (fresh fruit))**sóng-cheui**	脆：爽脆
criticize	**pāi-pìhng**	批評
cross	**sahp-jih-(gá)** (M:go)	十字架
cross-harbour tunnel	**hói-dái seuih-douh**(M:tìuh)	海底隧道
crow	**wū-ngā** (M:jek)	烏鴉
crowded	**bīk-yàhn**	迫人
cruel	**chàahn-yán**	殘忍
crunchy	**sūng-cheui**	鬆脆
crush	**ngaat-laahn**	壓爛
crust	**péi** (M:faai)	皮
cry	**haam**	喊
cry out	**ngaai**	嗌
crystal	**séui-jīng**	水晶
cucumber	**chēng-gwā** (M:go)	青瓜
cuff	**jauh-háu**	袖口
cuffslink	**jauh-háu-náu** (M:deui)	袖口鈕
culture	**màhn-fa**	文化
cunning	**gāan; gú-waahk**	奸：古惑
cup	**(chàh)-būi** (M:go)	茶杯
cupboard	**gwaih** (M:go)	櫃
cure	**yī** ◇~-fāan-hóu (cured)	醫
curiosity	**hou-kèih-sām**	好奇心
curious	**hou-kèih**	好奇
curl	(Adj)**lyūn**	卷
curl up	**gyún-héi**	捲起
current account	**jī-piu wuh-háu** ◇hōi ~ (open a ~)	支票戶口
currency	**fo-baih** (M:júng)	貨幣
curry	**ga-lēi**	咖喱
curtain	**chēung-lím** (M:tòhng)	窗廉
curved	**wāan**	彎

cushion	**kū-séun; yí-jin** (M:go)	咕哝；椅墊
custom	**fūng-juhk (jaahp-gwaan)**	風俗習慣
custom office	**hói-gwāan**	海關
customer	**haak-yàhn;**	客人：
	(formal)**gu-haak**	顧客
cut	①**chit** ◇~-hōi (~ apart)	切
	②(scissors)**jín**	剪
	◇~-tyúhn (~ apart)	
cute	**dāk-yi; hó-ngoi**	得意；可愛
cutter	**gaai-dōu** (M:bá)	剁刀
cuttlefish	**mahk-yùh** (M:jek)	墨魚
cycle	**chèuhn-wàahn**	循環
cycling	**cháai dāan-chē;**	踩單車
	yáai dāan-chē	

D

daily	**yaht-sèuhng**	日常
daily life	**yaht-sèuhng sāng-wuht**	日常生活
damage	**laahn;** (formal) **syún-waaih**	爛；損壞
damp	**sāp-sāp-déi**	濕濕哋
dance	**tiu móuh**	跳舞
dandruff	**tàuh-pèih**	頭皮
danger, dangerous	**ngàih-hím**	危險
dare to	**gám**	敢
daring	**daaih-dáam**	大膽
dark	**hāak**	黑
dark colour	**sām-sīk** ◇sām luhk-sīk (~ green)	深色
dart	**fēi-bīu** (M:jī)	飛鏢
	◇deng ~ (throw ~)	
data	**jī-líu**	資料
date	①**yaht-jí; yaht-kèih**	日子；日期
	②(V)**paak tō**	拍拖

daughter	**néui**	女
day	**yaht**	日
daybreak	**tīn-gwōng**	天光
day time	**yaht-táu**	日頭
dazzled	**ngáahn-fā**	眼花
dead	**séi-jó;**	死咗；
	(formal)**gwo-jó sān**	過咗身
deaf	**lùhng**	聾
deal with	**chyúh-léih; ying-fuh**	處理；應付
dealer	**doih-léih**	代理
debate	**bihn-leuhn**	辯論
debt	**jaai** (M:bāt)	債
	◇**wàahn** ~ (pay ~s)	
decide, decision	**kyut-dihng**	決定
declare	**syūn-bou**	宣佈
decorate, decoration	**jōng-sīk; bou-ji**	裝飾；佈置
deep	**sām**	深
deep breath	**sām fū-kāp**	深呼吸
defeat	**dá-dāi**	打低
defect	**kyut-dím**	缺點
defend	**bihn-wuh** ◇**ngóh mh-haih waih jih-géi ~** (I'm not ~ing myself)	辯護
definitely	**gáng-haih; yāt-dihng**	梗係；一定
definition	**dihng-yih**	定義
degree	①**chìhng-douh**	程度
	②(college) **hohk-wái**	學位
	③(temperature) **douh**	度
delay	**yìhn-chìh**	延遲
delicate	**yih-laahn; cheui-yeuhk**	易爛；脆弱
delicious	**hóu-meih;**(colloq) **jeng;**	好味；正
	(food) **hóu-sihk;**	好食；
	(drink) **hóu-yám**	好飲
delighted	**gōu-hing**	高興

deliver	①**sung**	送
	②(letter, newspaper) **paai**	派
delivery	①**sung fo**	送貨
	②(food) **sung ngoih-maaih**	送外賣
deluxe	**hòuh-wàh**	豪華
demand	**yīu-kàuh** ◇~ **gōu** (~ing)	要求
democracy, democratic	**màhn-jyú**	民主
demonstrate	**sih-faahn**	示範
Denmark	**Dāan-mahk**	丹麥
dense	**maht**	密
dental floss	**ngàh-sin** (M:tìuh; hahp)	牙線
dentist	**ngàh-yī**	牙醫
deny	**fáu-yihng**	否認
department	①**bouh-mùhn** (M:go)	部門
	②(university)**(hohk)-haih** (M:go)	學系
department store	**(baak-fo) gūng-sī** (M:gāan)	百貨公司
depend upon	**kaau; jí-yi**	靠；指意
depends on	**tái-háh;**	睇吓
	sih-fùh...yìh-dihng	視乎…而定
deposit	①**dehng**	訂
	②(bank)**chyùhn-fún**	存款
depreciate	**bín-jihk**	貶值
describe, description	**yìhng-yùhng**	形容
desert	**sā-mohk** (M:go)	沙漠
deserve	**jihk-dāk; (sth)yīng-dāk**	值得；應得
design	①**chit-gai; (product)fún** (M:go)	設計；款
	②(V) **chit-gai**	設計
designer	**chit-gai-sī**	設計師
desk	**sé-jih-tói;**	寫字枱
	syū-tói (M:jēung)	書枱
dessert	**tìhm-bán**	甜品

destroy	**po-waaih**; (sth)**jíng-laahn**	破壞：整爛
detail	①(N)**sai-jit**	細節
	②(Adj)**chèuhng-sai**	詳細
detergent	**sái-git-jīng** (M:jī)	洗潔精
determine, determination	**kyut-sām**	決心
develop, development	**faat-jín**	發展
devil	**mō-gwái**	魔鬼
diagonally	**che** ◇~ chit (cut ~)	斜
diamond	**jyun-sehk** (M:nāp)	鑽石
diarrhoea	**tóuh-ō**	肚疴
diary	①(notebook) **gei-sih-bóu** (M:bún)	記事簿
	②**yaht-gei-(bóu)** (M:bún)	日記簿
dictation	**mahk syū**	默書
dictionary	**jih-dín** (M:bún) ◇chàh ~ (look sth up in a ~)	字典
die	**séi** ◇jauh-làih ~ (dying)	死
diet	(on ~)**gáam-fèih**; **jit-sihk**	減肥；節食
differ by	**chā**	差
difference	**fān-biht**	分別
different	**mh-tùhng**	唔同
difficult	**nàahn**	難
difficulty	**kwan-nàahn**	困難
dig	**gwaht**; **waat** ◇~ lūng (~ a hole)	掘：挖
digest	**sīu-fa**	消化
dim	**ngam**; **hāak**	暗：黑
dilligent	**kàhn-lihk**	勤力
dinner	**máahn-faahn**	晚飯
dinosaur	**húng-lùhng** (M:jek)	恐龍
dip into	**dím**; (deeply) **yáam**	點：飲
diploma	**màhn-pàhng** (M:go)	文憑
direct(ly)	**jihk-jip**	直接
direction	**fōng-heung** (M:go)	方向

	◇mahn louh (ask for ~)	
dirty	**wū-jōu; laaht-taat**	污糟；辣躂
disadvantage	**kyut-dím; hoih-chyu**	缺點；害處
disappear	**sīu-sāt**	消失
disappointed	**sāt-mohng**	失望
discount	**jit-kau; jit-tàuh**	折扣；折頭
	◇dá ~ (give ~)	
discover	**faat-yihn**	發現
discriminate, discrimination	**kèih-sih**	歧視
discuss	①**kīng; sēung-lèuhng**	傾；商量
	②(argue) **tóu-leuhn**	討論
disease	**behng**	病
disguise	**baahn**	扮
dish	**díp** (M:jek); (M)**dihp**	碟
disorder	**wahn-lyuhn**	混亂
dispensary	**pui-yeuhk-bouh**	配藥部
display	**báai**	擺
disqualify	**tòuh-taai**	淘汰
dissolve	**yùhng**	溶
distance	**kéuih-lèih**	距離
distilled water	**jīng-lauh-séui**	蒸餾水
distinguish	**fān-dāk-chēut**	分得出
distribute	**fān;**(deliver) **sung**	分；送
disturb	**sōu-yíu; gáau-jyuh**	騷擾；搞住
dive	**chìhm séui**	潛水
divide	①(among)**fān** ②**chèuih**	分，除
divide into	**fān-sèhng**	分成
division	**bouh-fahn** (M:go)	部份
divorce	**lèih fān**	離婚
dizzy	**tàuh-wàhn**	頭暈
do	**jouh**	做
do not	**m̀h-hóu** + V; **máih** + V	唔好；咪
dock	**máh-tàuh** (M:go)	碼頭
doctor	①(medical) **yī-sāng**	醫生
	②**bok-sih**	博士

37

document	**màhn-gín** (M:fahn)	文件
documentary	**géi-luhk-pín** (M:chēut; tou)	紀錄片
dog	**gáu** (M:jek)	狗
doll	**gūng-jái** (M:go)	公仔
dollar	**mān**	蚊
domestic flight	**noih-luhk-gēi**	內陸機
donate	**gyūn**	捐
donation	**chàuh-fún** (M:chi)	籌款
door	**mùhn** (M:douh; jek)	門
	◇**(dá)-hōi** ~ (open ~)	
	◇**sāan-(màaih)** ~ (close ~)	
door bell	**mùhn-jūng** (M:go)	門鐘
	◇**gahm** ~ (press ~)	
dormitory	**sūk-se** (M:gāan)	宿舍
dot	**dím; yùhn-dím**	點；圓點
double	**sēung-púih;**(twin) **mā**	雙倍；孖
double bed	**sēung-yàhn-chòhng** (M:jēung)	雙人牀
doubt	**wàaih-yìh**	懷疑
dove	**baahk-gaap** (M:jek)	白鴿
down	**lohk**	落
downstairs	**làuh-hah**	樓下
downward	**heung-hah**	向下
dozen	**dā**	打
draft	①(N)**chóu-góu** (M:fahn)	草稿
	②(V)**chàuh-beih**	籌備
drag	**tō**	拖
drain	(water)**heui séui**	去水
drama	①(TV) **dihn-sih-kehk** (M:tou; chēut) ②**wá-kehk** (M:chēut)	電視劇 話劇
dramatic	**hei-kehk-fa**	戲劇化
draw	**waahk** ◇~ **wá** (~ pictures)	畫
draw out	**chāu**	抽
drawer	**gwaih-túng**	櫃桶

dream	①(N)**muhng** (M:go) ◇**~-gin** (dream of); (VO)**faat muhng** ②(hope) **muhng-séung** (M:go)	夢 發夢 夢想
dress	①(VO)**jeuk sāam** ②**kwàhn** (M:tìuh)	着衫 裙
dressing	**sā-léut-jeung** (M:jēun)	沙律醬
drink	**yám**	飲
drinking straw	**yám-túng** (M:jī)	飲筒
drip	**dihk séui**	滴水
drive	**jā chē**	揸車
driver	**sī-gēi**	司機
driving licence	**chē-pàaih** (M:go) ◇**gwok-jai ~** (international ~)	車牌
drizzle	**lohk mòuh-mòuh-yúh**	落毛毛雨
drop	**dit**	跌
drown	**jahm-séi**	浸死
drugs	**duhk-bán**	毒品
drug store	**yeuhk-fòhng** (M:gāan)	藥房
drunk	**yám-jeui**	飲醉
dry	**gōn**	乾
dry-cleaning	**gōn-sái**	乾洗
dual	**sēung-chùhng**	常用
dubbing	(tape)**gwo dáai**	過帶
duck	**ngaap** (M:jek)	鴨
due to	**yàuh-yū...(ge) gwāan-haih**	由於…嘅關係
dull	①**muhn; ngauh-dauh** ②(colour, weather) **yām-chàhm** ③(mind) **deuhn**	悶；孻豆 陰沉 鈍
dumb	**ngá**	啞
duplicate	**fūk-jai**	複製
durable	**kām-(yuhng)**	襟用
during	**...ge sìh-hauh;** **...gó-jahn-(sìh)**	…嘅時候 …嗰陣時
dust	**chàhn** ◇**sou ~** (remove ~)	塵

dustbin	**laahp-saap-túng** (M:go)	垃圾桶
duty	**jaak-yahm**	責任
	◇**dōng bāan** (on ~)	
duty free	**míhn-seui**	免稅
dye	**yíhm (sīk)**	染色

E

each	**múih** + M; M + M	每
eager (to)	**hóu-séung**	好想
ear	**yíh; yíh-(jái)** (M:jek)	耳：耳仔
early	**jóu**	早
ear-rings	**yíh-wáan** (M:deui; jek)	耳環
earn money	**jaahn chín**	賺錢
earnest	**yihng-jān**	認真
earth	**nàih**	泥
Earth	**Deih-kàuh**	地球
east	**dūng-(bihn)**	東邊
Easter	**fuhk-wuht-jit**	復活節
easy	**(yùhng)-yih**	容易
eat	**sihk;** (colloq) **yaak**	食：□
eavesdrop	**tāu-tēng**	偷聽
economic recession	**gīng-jai bāt-gíng;** **gīng-jai sēui-teui**	經濟不景： 經濟衰退
economical, economics, economy	**gīng-jai**	經濟
edge	**bīn** (M:tìuh)	邊
edit	**pīn**	編
editor	**pīn-chāp**	編輯
educate, education	**gaau-yuhk**	教育
eel	**síhn;** (Japanese food)	鱔：
	maahn-yùh (M:tìuh)	鰻魚
effect	**haauh-gwó**	效果

effective	**yáuh haauh**	有效
efficiency	**haauh-léut**	效率
effort	**nóuh-lihk** ◇~ (make an ~)	努力
egg	**(gāi)-dáan** (M:jek)	雞蛋
egg white	**dáan-báak**	蛋白
egg yolk	**dáan-wóng**	蛋黃
egocentric	**jih-ngóh jūng-sām**	自我中心
either...or..	**yāt-haih...yāt-haih...**	一係…一係…
elastic	**yáuh daahn-sing**	有彈性
elbow	**sáu-jāang** (M:go)	手踭
election	**syún-géui** (M:chi)	選舉
electrical appliciances	**dihn-hei**	電器
electrician	**dihn-hei sī-fú**	電器師父
electricity	**dihn** ◇~-fai (~ fee)	電
electricity bill	**dihn-fai-dāan** (M:jēung) ◇**gāau** ~ (pay ~)	電費單
elegant	**gōu-gwai; sī-màhn**	高貴；斯文
elementary	**chō-kāp**	初級
elevator	**līp** (M:bouh; ga) ◇**daap** ~ (take ~)	粒
elsewhere	**daih-(yih) douh**	第二度
embarrass	**m̀h-hóu yi-si; gaam-gaai** ◇Kéuih lihng ngóh ~ (He makes me ~); (colloq) **yú**	唔好意思 尷尬 瘀
embarrass to	**móuh dáam** + V; (shy) **m̀h-hóu yi-si** + V ◇~ góng (~ say)	冇膽 唔好意思
embroidery	**sau-fā**	綉花
emergency	**gán-gāp chìhng-fong**	緊急情況
emergency ward	**gāp-jing-sāt** (M:go)	急症室
emigrate	**yìh màhn**	移民
emphasize	**kèuhng-diuh**	強調
employ	**chéng**	請

41

employee	**dá-gūng-jái**; (formal) **gu-yùhn**	打工仔：僱員
employer	**lóuh-báan**; (formal)**gu-jyú**	老闆；僱主
empty	**hūng**	空
encourage	**gú-laih**	鼓勵
end	①(point)**méih; tàuh** (M:go)	尾；頭
	②(V)**yùhn-git; git-chūk**	完結；結束
ending	**git-guhk** (M:go)	結局
endure	**yán-sauh**	忍受
enemy	(colloq) **sàuh-gā**; **dihk-yàhn**	仇家；敵人
energetic	**yáuh wuht-lihk**	有活力
engagement	**dihng fān**	訂婚
engine	**yáhn-kìhng** (M:go)	引擎
engineer	**gūng-chìhng-sī**	工程師
England	**Yīng-gwok**	英國
English	**yīng-màhn**	英文
enjoy	**taan; héung-sauh**	歎；享受
enlarge	**fong-daaih**	放大
enormous	**geuih-yìhng**	巨型
enough	**gau**	夠
ensure	**dāam-bóu; bóu-jing**	擔保；保證
enter	**yahp**	入
entertain	**ying-chàuh**	應酬
entertainment	**yùh-lohk**	娛樂
enthusiastic	**yiht-sām**	熱心
entire	**chyùhn** + M + N	全
entrance	**mùhn-háu; yahp-háu**	門口；入口
envelope	**seun-fūng** (M:go) ◇yahp ~ (put in ~)	信封
environment	**wàahn-gíng**	環境
environmental friendly	**wàahn-bóu**	環保
envy	**douh-geih; sihn-mouh**	妒忌；羨慕
equal	**pìhng-dáng**	平等
equal to	**dáng-yū**	等於

equipment	**chit-beih**	設備
erase	①(tape, disc) **sái**	洗
	②(eraser)**chaat**	擦
eraser	**chaat-(jí)-gāau** (M:gauh)	擦紙膠
error	**cho** (M:go)	錯
escalator	**(jih-duhng) dihn-tāi**	自動電梯
	(M:tìuh; tòhng)	
	◇**daap** ~ (take ~)	
escape	**tòuh-beih**	逃避
especially	**dahk-biht haih**;	特別係;
	yàuh-kèih sih	尤其是
essay	**mán**; **màhn-jèung** (M:pīn)	文;文章
establish	(organization)**sìhng-laahp**;	成立;
	(system)**gin-laahp**	建立
estate	**ūk-chyūn** (M:go)	屋邨
estimate	**gú-gai**	估計
evaluate	**pìhng-gú**	評估
even	①(Adv)**dōu** ②(Adj) **pìhng**	都，平
even if	**jauh-syun...dōu...**	就算…都…
even more	**juhng yáuh**	重有
even number	**sēung-sou**	雙數
even so	**jauh-syun haih gám**	就算係咁
even though	**sēui-yìhn**	雖然
evening	**yeh-máahn-(hāak)**	夜晚黑
ever since	**jih-chùhng...jī-hauh**	自從…之後
every	**múih** + M + N	每
everything	**yāt-chai**	一切
everywhere	**douh douh dōu (haih)**;	度度都係;
	jāu-wàih dōu (haih)	周圍都係
evidence	**jing-geui**	證據
exact	**jéun-kok**	準確
exactly	**jauh haih** ◇**ngóh** ~ **gám**	就係
	nám (That's ~ what I think)	
exactly the same	**yāt-mòuh-yāt-yeuhng**	一模一樣
exaggerate	**kwā-jēung**	誇張

examination	**háau síh** (M:go)	考試
	◇~ (take an ~)	
examination paper	**(háau)-síh-gyún** (M:fahn; jēung)	考試卷
examine	**yihm; gím-chàh**	驗；檢查
example	①**laih-(jí)** (M:go)	例子
	◇géui go ~ (give an ~)	
	◇hóu-chíh...gám (take...as ~)	
	②(model) **mòuh-faahn**	模範
exceed	**chīu-gwo**	超過
excellent	**hóu-dou-gihk**	好到極
except	**chèuih-jó...(jī-ngoih)**	除咗…之外
exception	**laih-ngoih**	例外
exchange	**gāau-wuhn**	交換
exchange rate	**wuih-léut**	匯率
exchange student	**gāau-wuhn-sāng**	交換生
excited	**gán-jēung**	緊張
exciting	**chi-gīk**	刺激
excuse	**jihk-háu** (M:go)	藉口
excuse me	**m̀h-gōi;**	唔該；
	(sorry)**m̀h-hóu yi-sī**	唔好意思
executive	**hàhng-jing yàhn-yùhn**	行政人員
exercise	①**lihn-jaahp** (M:go)	練習
	②(physical) **wahn-duhng**	運動
	◇jouh ~ (~)	
exhausting	**sok hei**	索氣
exhausted	**móuh hei**	冇氣
exhibit	**jín-chēut**	展出
exhibition	**jín-láahm** (M:go)	展覽
exist(ence)	**yáuh; chyùhn-joih**	有；存在
exit	①**chēut-háu; mùhn-háu**	出口；門口
	②**chēut-heui; jáu**	出去；走
expand	**faat-jín; gwok-daaih**	發展；擴大
expect	**kèih-doih** ◇**dáng-gán** (~ing)	期待
	◇gú-mh-dou (unexpected)	

expenditure	**jī-chēut; hōi-jī**	支出；開支
expensive	**gwai**	貴
experience	**gīng-yihm** (M:júng)	經驗
experiment	**saht-yihm** (M:go)	實驗
expert	**jyūn-gā**	專家
expire	**gwo kèih**	過期
explain, explanation	**gáai-sīk**	解釋
explicit	**mìhng-hín**	明顯
explode, explosion	**baau-(ja)**	爆炸
export	**chēut háu**	出口
express	①**dahk-faai**	特快
	②(idea)**bíu-daaht**	表達
expression	①**chìh** (M:go)	遲
	②(face)**bíu-chìhng**	表情
extend	**gwok-jín**	擴展
extension	(telephone) **noih-sin**	內線
extra	**ngaahk-ngoih**	額外
	◇~ **sāu-fai** (~ charge)	
extra large	**gā-daaih-máh**	加大碼
extravagent	**chē-chí**	奢侈
extreme	**gihk-dyūn**	極端
extremely	...**dou séi** ◇**yiht**-~ (~ hot)	…到死
eye	**ngáahn** (M:jek; deui)	眼
	◇**hahp-màaih** ~ (close ~)	
	◇**maak-daaih** ~ (open ~)	
eyebrow	**ngáahn-mèih** (M:tìuh)	眼眉
eye drops	**ngáahn-yeuhk-séui** (M:jī)	眼藥水
	◇**dihk** ~ (drop ~)	
eyelashes	**ngáahn-yāp-mōu**	眼睫毛
eyelid	**ngáahn-pèih**	眼皮
eye shadow	**ngáahn-yíng**	眼影
	◇**chàh** ~ (put on ~)	

F

face	①(N)**mihn** (M:faai)	面
	◇sái ~ (wash ~)	
	②**mihn-deui**	面對
	③(direction) **heung**	向
facilities	**chit-beih** (M:júng)	設備
facsimile	(colloq)**fēk-sí; chyùhn-jān**	'fax'；傳真
	◇fēk béi néih (send a ~ to you)	
fact	**sih-saht**	事實
factory	**gūng-chóng** (M:gāan)	工廠
fade away	**teui sīk**	退色
fail,failure	**sāt-baaih**	失敗
faint	**wàhn**	暈
fair	**gūng-pìhng; gūng-jing**	公平；公正
fairy	**sàhn-sīn**	神仙
fairytale	**tùhng-wá**	童話
fall (down)	**dit**	跌
fall in love	**jūng-yi-jó**	鍾意咗
	◇~ kéuih (~ with him/her/it)	
fall off	**lāt-(jó)**	甩咗
false	**cho**	錯
familiar	①**suhk; suhk-sīk**	熟；熟悉
	②(used to)**gwaan-jó** + V	慣咗
family	**ūk-kéi-(yàhn);**	屋企人
	(formal)**gā-tìhng**	家庭
famous	**chēut-méng**	出名
fan	**fūng-sin** (M:bá)	風扇
fans	**yúng-dán;** (colloq)**fēn-sí;**	擁躉；'fans'
	(film star)**yíng-màih;**	影迷
	(singer)**gō-màih**	歌迷
far (away)	**yúhn** ◇géi ~ (how ~?)	遠
farewell party	**fūn-sung-wúi** (M:go)	歡送會
farm	**nùhng-chèuhng** (M:go)	農場
fascinating	**hóu leng**	好靚

fashion	①(N)**sìh-jōng**	時裝
	②(Adj)**hīng; làuh-hàhng**	興：流行
	◇yìh-gā hóu ~ (it's in ~)	
fast	**faai**	快
fast forward	**kíuh-hauh;** (colloq)**fēi**	翹後：飛
fat	**fèih**	肥
fate	**mehng-(séui); mihng-wahn**	命水：命運
father	**bàh-bā; dē-dìh;**	爸爸：爹哋
	(colloq)**lóuh-dauh**	老豆
Father's Day	**Fuh-chān-jit**	父親節
fatigue	**guih-dou-séi**	劫到死
fault	**cho**	錯
favour	**jūng-yi** ◇**bōng** (do a ~)	鍾意
favourite	**jeui jūng-yi**	最鍾意
fear	**pa**	怕
feature	**dahk-jīng**	特徵
fee	**fai-yuhng** (M:bāt)	費用
feed	**wai**	餵
feel	**gok-dāk**	覺得
feeling	**gám-gok**	感覺
female	**néuih-sing; néuih + N**	女性：女
fencing	**gim-gīk**	劍擊
ferry	**(gwo-hói)-syùhn** (M:jek)	過海船
festival	**jit-yaht**	節日
fetch	**ló**	攞
fever	**faat sīu**	發燒
few	**síu**	少
fiance	**meih-fān-fū**	未婚夫
fiancee	**meih-fān-chāi**	未婚妻
fiction	**síu-syut** (M:bún)	小說
fierce	**ngok**	惡
fight	①**dá gāau** ②(N)**dau-ji**	打交，鬥志
	◇chùng-múhn ~ (full of ~)	
figure	①(number)**sou-jih**	數字
	②(body)**sān-chòih**	身裁
file	**fāai-lóu;** (formal)**dóng-on**	快勞：檔案

	(M:go) ◇báai-yahp ~	
	(to ~ sth)	
fill (up)	**jōng-múhn**	裝滿
film	①(negatives) **fēi-lám**	菲林
	(M:tùhng) ②**hei** (M:tou;	戲
	chēut) ◇**paak** ~ (~ing)	
	◇**tái** ~ (see a ~)	
finally	**jūng-yū; jēut-jī**	終於；卒之
finance	**gām-yùhng; chòih-jing**	金融；財政
find	**wán**	搵
fine	①(well)**hóu**	好
	②(weather)**hóu-tīn**	好天
	③(penalty)**faht chín**	罰錢
	④(slender, thin, sharp) **yau**	幼
finger	**sáu-jí** (M:jek)	手指
finish	**yùhn**	完
fire	**fó** ◇~-**jūk** (on ~)	火
fire-engine	**fó-jūk-chē;**	火燭車
	sīu-fòhng-chē (M:ga)	消防車
fire station	**sīu-fòhng-gúk**	消防局
fireman	**sīu-fòhng-yùhn**	消防員
fireworks	**yīn-fā** ◇**sīu** ~ (light ~)	煙花
firm	**saht;** (steady)**wán-jahn**	實；穩陣
first	**daih-yāt**	第一
first aid	**gāp-gau**	急救
first class	**tàuh-dáng**	頭等
first come first served	**sīn dou sīn dāk**	先到先得
first hand	**(daih)-yāt-sáu**	第一手
first love	**chō-lyún**	初戀
first prize	**tàuh-jéung**	頭獎
first runner up	**a-gwān**	亞軍
firstly	**sáu-sīn; daih-yāt**	首先；第一
fish	**yú** (M:tìuh)	魚
fishing	**diu yú**	釣魚
fix	**jíng; sāu-léih**	整；修理

48

fixed	**gu-dihng**	固定
fixed price	**gūng-ga**	公價
flag	**kèih** (M:jī)	旗
flame	**fó-(yihm)**	火焰
flap	(V)**paak**	拍
flash	**sím**	閃
flashlight	①**dihn-túng** (M:jī)	電筒
	②(camera)**sím-dāng**	閃燈
	(M:jáan)	
flat	①(N)**láu** (M:chàhng)	樓
	②(Adj)(object)**bín**;	扁；
	(surface)**pìhng**	平
flavour	**meih-douh** (M:júng)	味道
flaw	**hàh-chī**	瑕疵
flea market	**tiu-jóu síh-chèuhng** (M:go)	跳蚤市場
flesh	**yuhk**	肉
flight	**bāan gēi** ◇nī-~ (this ~)	班機
float	**fàuh-(héi)**	浮起
flood	**séui-jam**	水浸
floor	**deih-há**	地下
	◇sou deih (sweep the ~)	
florescent	(colour)**yìhng-gwōng (sīk)**	螢光色
florist	**fā-dim** (M:gāan)	花店
flour	**mihn-fán**	麵粉
flower	**fā** (M:jī; déu)	花
	◇chaap ~ (~ arrangement)	
fluent	**làuh-leih**	流利
fly	①(V)**fēi** ②(insect)**wū-yīng**	飛，烏蠅
	(M:jek)	
fly-over	**tīn-kìuh** (M:tìuh)	天橋
foam	**póuh**	泡
foam rubber	**faat-póuh-gāau**	發泡膠
focus	**jīu-dím**	焦點
fog	**mouh** ◇daaih-~ (~gy)	霧
follow	**gān-(jyuh)**	跟住
follow-up	**gān-jeun**	跟進

fond of	**jūng-yi**	鍾意
food	(formal) **sihk-maht**;	食物：
	yéh-sihk	嘢食
fool	**sòh-gwā**	傻瓜
foolish	**sòh**	傻
foot	①**geuk** (M:jek)	腳
	②(length)**chek**	呎
football	**jūk-kàuh** (M:go)	足球
	◇**tek** ~ (play ~)	
foot-bridge	(**hàahng-yàhn**) **tìn-kìuh**	行人天橋
	(M:tìuh)	
for example	**hóu-chíh**; (formal)**laih-yùh**	好似；例如
for instance	**pei-yùh-(wah)**	譬如話
forbid	**m̀h-jéun**; **gam-jí**	唔准；禁止
force	(V)**bīk**	迫
forehead	**ngaahk-tàuh** (M:go)	額頭
foreign	**ngoih-gwok** ◇~-**yàhn** (~er)	外國
foresee	**yuh-jī**	預知
forever	**wíhng-yúhn**	永遠
forget	**m̀h-gei-dāk**	唔記得
forgive	**yùhn-leuhng**	原諒
fork	**chā** (M:jek) ◇**yuhng** ~ **gāt**	叉
	(use a ~ to lift food)	
form	①(V)**yìhng-sìhng**	形成
	②(N)**bíu**; **fōng** (M:jēung)	表：方
	◇**tìhn** ~ (fill in a ~)	
formal	**jing-sīk**	正式
formerly	**yíh-chìhn**	以前
fortunate	**hóu-chói**	好彩
fortune	**wahn-hei**	運氣
forward	**heung chìhn**	向前
foundation	①**gēi-chó**	基礎
	②(make up)**fán-dái**	粉底
fountain	**pan-séui-chìh** (M:go)	噴水池
fragile	**yih-laahn**	易爛
fragrant	**hēung**	香

frame	**kwāang** (M:go)	框
France	**Faat-gwok**	法國
frankly speaking	**lóuh-saht góng**	老實講
free	①**jih-yàuh**	自由
	②(time) **dāk-hàahn**	得閒
free of charge	**míhn-fai; m̀h-sái chín**	免費；唔駛錢
freezer	①**syut-gwaih**	雪櫃
	②(in refrigerator)**bīng-gaak**	冰格
French	**faat-màhn**	法文
fresh	**sān-sīn**	新鮮
friend	**pàhng-yáuh**	朋友
friendly	**yáuh-sihn**	友善
friendship	**yáuh-yìh** ◇~ maahn-seui	友誼
	(~ forever); **yáuh-chìhng**	友情
fries	**syùh-tíu** (M:bāau; tìuh)	薯條
frighten	**haak** ◇**béi...~-chān**	嚇
	(~ed by ...)	
from	**yàuh**; (place) **hái**	由；喺
from now on	**yàuh yìh-gā héi;**	由而家起；
	yíh-hauh	以後
front	**chìhn-bihn**	前邊
frost	**git bīng**	結冰
frown	**jau mèih-tàuh**	皺眉頭
frozen	①(food)**gāp-dung**	急凍
	②**syut-saht**	雪實
frugal	**hāan**	慳
fruit	**sāang-gwó**	生果
	◇~ pīng-pún (~ platter)	
frustrated	**pòhng-wòhng**	徬徨
frustration	**cho-jit**	挫折
fry	(pan)**jīn**; (stir) **cháau;**	煎；炒；
	(deep)**ja**	炸
frying-pan	**jīn-pēng;**	煎 pan；
	pìhng-dái-wohk (M:jek)	平底鑊
full	①**múhn** ②(stomach) **báau**	滿，飽

full house	**múhn-joh**	滿座
full of	**chūng-múhn**	充滿
fun	**hōi-sām** ◇góng siu;	開心
	hōi wàahn-siu (for ~)	
	◇wáan; siu (make ~ of)	
function	**jok-yuhng**	作用
fund	①**gēi-gām**	基金
	②(operation) **gīng-fai**(M:bāt)	經費
fund raising	**chàuh fún** (M:chi)	籌款
funeral	**sōng-láih**	喪禮
	◇sung ban (attend a ~)	
funny	**dāk-yi; hóu-siu**	得意；好笑
furniture	**gā-sī** (M:gihn)	傢俬
furthermore	**juhng-yáuh; yìh-ché**	重有；而且
fussy	**daaih-gēng-síu-gwaai**	大驚小怪
future	**jēung-lòih**	將來

G

gain	**dāk-dóu**	得到
gamble	**dóu chín**	賭錢
game	**yàuh-hei** (M:go)	遊戲
gap	**la** (M:tìuh)	罅
garbage	**laahp-saap**	垃圾
	◇dóu ~ (clear the ~)	
garbage bag	**laahp-saap (gāau)-dói**	垃圾膠袋
	(M:go)	
garden	**fā-yún** (M:go)	花園
garlic	**syun-tàuh** (M:nāp)	蒜頭
gas	(fuel)**mùih-hei**	煤氣
gasoline	**yáu; dihn-yàuh**	油；電油
	◇yahp ~ (fill in ~)	
gasoline station	**yàuh-jaahm** (M:go)	油站
gate	**jaahp** (M:douh)	閘

gather	**jaahp-hahp**	集合
gauze	**sā-bou** (M:faai)	紗布
gay	(colloq)**gēi-lóu**;	基佬：
	(colloq)**tùhng-ji**;	同志：
	tùhng-sing-lyún-jé	同性戀者
gaze	**mohng-jyuh**	望住
general	①**daaih-ji**	大致
	◇~ ge yi-sī (~ idea)	
	②(common)**póu-tūng**	普通
general manager	**júng-gīng-léih**	總經理
generally	**tūng-sèuhng**	通常
generally speaking	**yāt-būn-làih-góng**	一般嚟講
generation	**doih** ◇nī-yāt-~ (this ~)	代
generation gap	**doih-kāu**	代溝
generous	**daaih-fōng**	大方
genius	**tīn-chòih**	天才
gentle	**sī-màhn**	斯文
German	**dāk-màhn**	德文
Germany	**Dāk-gwok**	德國
gesture	**jī-sai** (M:go)	姿勢
get	**ló**	攞
get along	**sēung-chyúh**	相處
get off	(bus, taxi, etc)**lohk chē**;	落車：
	(plane) **lohk gēi**	落機
get on	(bus, taxi, etc)**séuhng chē**;	上車：
	(plane) **séuhng gēi**	上機
get up	**héi sān**	起身
ghost	**gwái** (M:jek)	鬼
gift	①**láih-maht** (M:fahn)	禮物
	◇sāu ~ (receive a ~)	
	◇sung ~ (send a ~)	
	◇bāau ~ (wrap a ~)	
	②(free) **jahng-bán** (M:fahn)	贈品
gift cheque	**láih-gyun** (M:jēung)	禮券

53

ginger	**gēung** (M:gauh)	薑
girl	**néuih-jái**	女仔
girl friend	**néuih-pàhng-yáuh**	女朋友
give	**béi**	俾
give up	**fong-hei**	放棄
glad	**hōi-sām; gōu-hing**	開心；高興
glance	**laap-háh ngáahn** ◇daih-yāt ngáahn (at first ~)	睼下眼
glass	①**bō-lēi** ②(cup)(**bō-lēi)-būi** (M:jek)	玻璃，玻璃杯
glasses	**ngáahn-géng** (M:fu) ◇daai ~ (wear ~)	眼鏡
glide	**sin; waaht**	跣；滑
glitter	**sím-sím-ling**	閃閃令
gloves	**sáu-tou** (M:deui; jek) ◇daai ~ (wear ~)	手套
glow	**faat gwōng**	發光
glue	**gāau-séui** (M:jī) ◇yuhng ~ chī (stick with ~)	膠水
go	**heui**	去
go back	**fāan-heui**	返去
go down	**lohk-heui**	落去
go too far	**taai gwo-fahn**	太過份
go up	**séuhng-heui**	上去
goal	**muhk-bīu** (M:go) ◇daaht-dou ~ (achieve a ~)	目標
god	**sàhn**	神
gold	**gām**	金
gold medal	**gām-pàaih** (M:go)	金牌
goldfish	**gām-yú** (M:tìuh)	金魚
golf	**gō-yíh-fū-kàuh** ◇dá ~ (play ~)	哥爾夫球
good	**hóu**	好
good luck	**jūk néih hóu-wahn**	祝你好運
good morning	**jóu-sàhn**	早晨
good night	(before sleep)**jóu táu**	早抖

goods	**fo-(maht)**	貨物
gossip	**góng sih-fēi**	講是非
government	**jing-fú**	政府
grab	**jā**	揸
grade	**dáng-(kāp)** (M:go)	等級
gradually	**maahn-máahn;**	慢慢：
	(development) **jihm-jím**	漸漸
graduate	**bāt yihp**	畢業
gram	**hāak**	克
grammar	**màhn-faat**	文法
grandchild	**syūn**	孫
grandfather	(father's)**a-yèh;**	阿爺；
	(mother's)**a-gūng**	阿公
grandmother	(father's)**a-màh;**	阿嬤；
	(mother's)**a-pòh**	阿婆
grapes	**tàih-jí** (M:chāu; nāp)	提子
grass	**chóu** (M:tìuh)	草
	◇**~-deih** (~land)	
grey	**fūi-(sīk)**	灰色
greasy	**fèih-(neih); yàuh-(neih)**	肥膩；油膩
great	**wáih-daaih**	偉大
greedy	**tāam-sām**	貪心
green	**luhk-(sīk)**	綠色
greet	**dá jīu-fū**	打招呼
grill	**hāau; sīu**	烤；燒
grind	**mòh**	磨
grip	**jā-jyuh**	揸住
groceries	(buy ~)**máaih sung**	買餸
grocery store	**jaahp-fo-póu; sih-dō**	雜貨舖；士多
	(M:gāan)	
ground	**deih-há**	地下
ground floor	**deih-há; làuh-hah**	地下；樓下
group	①**jóu** ◇**fān ~**	組
	(divide into ~s)	
	②(company) **jaahp-tyùhn**	集團
	③(people)**bāan**	班

grow	**sāang**	生
grow up	**(jéung)-daaih**	長大
grumble	**faat lòuh-sōu**	發牢騷
Guangzhou	**Gwóng-jāu**	廣州
guarantee	**bóu-jing**	保證
guaranty	**bóu-jing-syū** (M:jēung)	保證書
guard	**wuh-waih-yùhn**	護衞員
guardian	**gāam-wuh-yàhn**	監護人
guess	**gú**	估
guest	**haak-yàhn; yàhn-haak**	客人；人客
guide	①(tour)**douh-yàuh**	導遊
	②(V)**jí-douh**	指導
guide line	**jí-yáhn**	指引
guilty	①(conscience)**noih-gau**	內疚
	②**yáuh jeuih**	有罪
guinea-pig	**saht-yihm-bán**	實驗品
guitar	**git-tā** (M:go)	結他
	◇**tàahn ~** (play ~)	
gun	**chēung** (M:jī)	槍
	◇**hōi ~** (fire a ~)	
guts	**dáam-sīk**	膽色
gutter	**hāang-kèuih** (M:tìuh)	坑渠
gymnasium	**gihn-sān-yún** (M:gāan)	健身院

H

habit	**jaahp-gwaan**	習慣
hair	①**tàuh-faat** (M:tìuh)	頭髮
	◇**sái tàuh** (wash ~)	
	②(fine) **mòuh** (M:tìuh)	毛
hair conditioner	**wuh-faat-sou** (M:jī)	護髮素
hair cut	**jín tàuh-faat**;	剪頭髮：
	(man)**fēi faat**	飛髮
hair dye	**yíhm faat**	染髮

hair pin	**faat-gíp** (M:jek)	髮夾
hair salon	**faat-yìhng-ūk**;	髮型屋；
	fēi-faat-póu (M:gāan)	飛髮舖
hair style	**faat-yìhng**; (colloq)**tàuh**	髮型；頭
	(M:go)	
hair stylist	**faat-yìhng-sī**	髮型師
half	**yāt-bun** ◇fān ~ (~ sth)	一半
half price	**bun-ga**	半價
hall	**láih-tòhng** (M:go)	禮堂
Halloween	**Maahn-sing-jit**	萬聖節
ham	**fó-téui** (M:faai)	火腿
hamburger	**hon-bóu-bāau** (M:go)	漢堡包
hammer	①**chèuih-jái** (M:go)	鎚仔
	②(V) **dahp**	揼
hand	①**sáu** (M:jek)	手
	②(V) **gāau (béi)** + sb;	交俾
	daih (béi) + sb	遞俾
handbag	**sáu-dói** (M:go)	手袋
	◇nīng ~ (carry a ~)	
handball	**sáu-kàuh**	手球
handicap	**chàahn-fai**	殘廢
handkerchief	**sáu-gān-(jái)** (M:tìuh)	手巾仔
hand-made	**sáu jouh**	手做
handle	①(N)**beng** (M:go)	柄
	②(V)**chyúh-léih**	處理
handsome	**leng-jái; yīng-jeun**	靚仔；英俊
hang	**gwa**	掛
hang to dry	**lohng gōn**	晾乾
hanger	**yī-gá** (M:go) ◇gwa sāam	衣架
	(hang clothes with a ~)	
happen	**faat-sāng**	發生
happy	**hōi-sām**	開心
Happy birthday	**sāang-yaht faai-lohk**	生日快樂
Happy New Year	**sān-nìhn faai-lohk**	新年快樂

hard	①ngaahng	硬
	②(difficult)nàahn	難
hard-working	kàhn-lihk	勤力
harm	sēung-hoih	傷害
hat	móu (M:déng)	帽
	◇daai ~ (wear a ~)	
hate	jāng; tóu-yihm	憎；討厭
head	tàuh (M:go)	頭
headache	tàuh-tung	頭痛
headphone	yíh-túng (M:go)	耳筒
	◇daai ~ (wear ~)	
health(y)	gihn-hōng	健康
hear	tēng	聽
heart	sām (M:go) ◇~ tiu(~ beat)	心
heart disease	sām-johng-behng	心臟病
	◇~ faat (heart attack)	
heater	nyúhn-lòuh (M:go)	暖爐
heaven	tīn-tòhng	天堂
heavy	chúhng	重
heel	①geuk-jāang	腳踭
	②(shoe)hàaih-jāng (M:go)	鞋踭
height	gōu-douh	高度
helicopter	jihk-sīng-gēi (M:ga)	直昇機
hell	deih-yuhk ◇heui séi lā	地獄
	(go to ~!)	
help	bōng; bōng sáu	幫；幫手
help!	gau mehng a!	救命呀！
here	nī-douh	呢度
hero	①yīng-hùhng	英雄
	②(play) jyú-gok	主角
	◇néuih-~~ (~ine)	
hide	sāu-màaih	收埋
hide and seek	jūk-yī-yān	捉依因
high	①gōu ②(feeling)gōu-hing	高，高興
high class	gōu-kāp; gōu-dong	高級；高檔
high profile	gōu-diuh	高調

highway	**gōu-chūk gūng-louh** (M:tìuh)	高速公路
hijack	**gip gēi**	刧機
hiking	**hàahng sāan**	行山
hill	**sāan** (M:go) ◇**pàh** ~ (climbing)	山
hinder	**jó-ngoih**	阻礙
hip	(colloq)**pēt-pēt; pei-gú; sí-fāt; lō-yáu** (M:go)	□□：屁股 屎忽：蘿柚
hire	**jōu**	租
history	**lihk-sí;** (sb) **gwo-heui**	歷史：過去
hit	**dá-(jung)**	打中
hoarse	**sā-sēng**	沙聲
hobby	**hing-cheui; si-hou** (M:júng)	興趣：嗜好
hold in hand	**jā-(jyuh); nīk-(jyuh); nīng-(jyuh)**	揸住：搦住：揑住
hole	**lūng** (M:go) ◇**chyūn** ~ (with a ~)	窿
holiday	**ga-kèih** ◇**fong ga** (on ~)	假期
Holland	**Hòh-lāan**	荷蘭
hollow	**hūng-(sām)**	空心
Hollywood	**Hòh-léih-wuht**	荷里活
home	**ūk-kéi** ◇**hái** ~ (at ~) ◇**fāan** ~ (go ~)	屋企
homework	**gūng-fo** (M:fahn) ◇**jouh** ~ (do ~)	功課
homosexual	**tùhng-sing-lyún**	同性戀
honest(ly)	**lóuh-saht**	老實
honey	**maht-tòhng**	蜜糖
honey moon	**douh maht-yuht**	渡蜜月
Hong Kong	**Hēung-góng**	香港
Hong Kong dollar	**góng-baih;** (colloq) **góng-jí**	港幣：港紙
honour	**wìhng-yuh**	榮譽
honourable	**wìhng-hahng**	榮幸
hook	**ngāu** (M:go) ◇~**-jyuh** (to ~)	鈎

hop	**tiu**	跳
hope	**hēi-mohng**	希望
horoscope	**sīng-joh**	星座
horrible	**húng-bou;**	恐怖；
	dāk-yàhn-gēng	得人驚
horizontal	**dá-wàahng**	打橫
horse	**máh** (M:jek)	馬
	◊**kèh** ~ (ride a ~)	
horse racing	**páau máh**	跑馬
hospitable	**hou-haak**	好客
hospital	**yī-yún** (M:gāan)	醫院
	◊**yahp** ~ (in ~)	
	◊**chēut yún** (leave ~)	
host	**jyú-yàhn-(gā)**	主人家
hot	①**yiht** ②(topic) **yiht-mún**	熱，熱門
	③(taste)**laaht**	辣
hot spring	**wān-chyùhn** (M:go)	溫泉
	◊**jam** ~ (bath in a ~)	
hot water	(drinking)**gwán-séui;**	滾水；
	yiht séui	熱水
hotel	**jáu-dim** (M:gāan)	酒店
	◊**jyuh** ~ (stay in a ~)	
hour	**jūng-tàuh** (M:go)	鐘頭
	◊**dyun go** ~ **gai** (~ly paid)	
house	**ūk** (M:gāan)	屋
	◊**būn** ~ (move a ~)	
housemate	**tùhng-ūk**	同屋
housing allowance	**fòhng-ūk jēun-tip**	房屋津貼
housing estate	**ūk-chyūn** (M:go)	屋邨
how (to)	**dím-(yéung)** + (V);	點樣；
	géi + Adj	幾
how come	**dím wúih...a?**	點會…呀？
how long	①(length)**géi-chèuhng**	幾長
	②(time)**géi-noih**	幾耐
how many,	**géi-dō** (+ M + N)	幾多

how much		
however	**bāt-gwo; daahn-haih**	不過；但係
hug	**láam-(jyuh)**	攬住
human being	**yàhn-(leuih)**	人類
humble	**hīm-hēui**	謙虛
humid	**(chìuh)-sāp;**	潮濕
	sāp-hei chúhng	濕氣重
humorous	**yáuh yāu-mahk-gám;**	有幽默感：
	(colloq) gwo-yáhn	過癮
humour	**yāu-mahk-gám**	幽默感
hundred	**baak**	百
hungry	**(tóuh)-ngoh**	肚餓
hurdle	**tiu làahn**	跳欄
hurry	**gón-(jyuh)**	趕住
hurry up	**faai-dī**	快啲
hurt	**①sauh sēung;**	受傷
	(sb)sēung-hoih	傷害
	②(ache)tung	痛
husband	**sīn-sāang; jeuhng-fū;**	先生；丈夫；
	(colloq)lóuh-gūng	老公
hygiene, hygienic	**waih-sāng**	衛生
hypocrisy, hypocritical	**hēui-ngaih**	虛偽
hysterical	**sāt-hung**	失控

I

ice (cube)	**bīng** (M:nāp)	冰
	◇git ~ (~d up)	
ice cream	**syut-gōu** (M:būi)	雪糕
ice water	**bīng-séui**	冰水
idea	**jyú-yi; nám-faat**	主意；諗法
ideal	**léih-séung**	理想
identical	**yāt-mòuh-yāt-yeuhng**	一模一樣

identify	**fān-dāk-chēut**	分得出
identity	**sān-fán** ◇~ jing (I.D. card)	身份
idiom	**sìhng-yúh** (M:geui)	成語
idiot	**baahk-chī; sòh-gwā**	白痴；傻瓜
idol	**ngáuh-jeuhng**	偶像
if...then	**yùh-gwó...jauh...**	如果…就…
ignorant	**mòuh-jī**	無知
ignore	**m̀h-léih**	唔理
ill	**behng** ◇~-dāk hóu gán-yiu (very ~)	病
illusion	**waahn-gok**	幻覺
image	**yìhng-jeuhng**	形象
imagine, imagination	**séung-jeuhng** ◇~ fūng-fu (imaginative)	想象
imitate	**hohk**	學
immigrate	**yìh màhn**	移民
immigration department	**yìh-màhn-gúk**; (formal) **yahp-gíng-chyu**	移民局：入境處
impatient	**móuh noih-sing**; **sām-gāp**	冇耐性 心急
implication	**ngam-sih**	暗示
import	**yahp-háu**	入口
important	**gán-yiu; juhng-yiu**	緊要；重要
impossible	**móuh hó-nàhng**	冇可能
impression	**yan-jeuhng**	印象
improve	**gói-sihn**	改善
impulsive	**chūng-duhng**	衝動
in a word	**júng-jī**	總之
in case	**maahn-yāt**	萬一
in order to	①**...heui...** ◇**hohk Gwóng-dūng-wá** ~ **tùhng yàhn kīng-gái** (Learn Cantonese ~ talk to people)	…去…
	②**waih-jó...**	為咗
in that case	**(yùh-gwó haih) gám**	如果喺咁
in the end	**jeui-hauh; sāu-mēi**	最後：收尾

inborn	**tīn-sāang**	天生
inch	**chyun**	吋
include	**bāau-kwut;**	包括：
	(in sth)**bāau-màaih**	包埋
income	**sāu-yahp**	收入
increase	**jāng-gā**	增加
independent	**duhk-laahp**	獨立
India	**Yan-douh**	印度
indicate	**bíu-sih**	表示
indifferent to	**deui...móuh hing-cheui**	對⋯冇興趣
indigestion	**sihk-jaih;**	食滯；
	sīu-fa-bāt-lèuhng	消化不良
indirect	**gaan-jip;** (speak) **yún-jyún**	間接；婉轉
individual	**go-biht;** (people) **go-yàhn**	個別；個人
indiviually	**juhk go (juhk go)** + V	逐個逐個
Indonesia	**Yan-nèih**	印尼
indoor	**sāt-noih**	室內
industrious	**kàhn-lihk**	勤力
industry	**gūng-yihp**	工業
infect	**gám-yíhm**	感染
influenza	**gám-mouh**	感冒
inferior	**chā-dī**	差啲
inflammable	**yih sīu-jeuhk**	易燒着
inflammation	**faat-yìhm**	發炎
influence	**yíng-héung**	影響
	◇**sauh kéuih ~** (~ by him)	
inform	**tūng-jī**	通知
information	**jī-líu**	資料
information desk	**sēun-mahn-chyu**	詢問處
ingredient	**chòih-líu**	材料
inhuman	**chàahn-yán;**	殘忍
	m̀h-yàhn-douh	唔人道
initiative	**jyú-duhng**	主動
injection	**dá jām**	打針
injure	**sauh sēung**	受傷

ink	**mahk-séui**	墨水
innocent	**mòuh-gū**	無辜
innovative	**chong-sān**;	創新；
	yáuh chong-yi	有創意
insane	**chī-sin**	黐線
insect	**chùhng**;	蟲；
	(formal)**kwān-chùhng**	昆蟲
insert	**gā-yahp**	加入
inside	**léuih-bihn; yahp-bihn**	裏邊；入邊
insist (on)	**haih yiu + V**	係要
insomnia	**sāt-mìhn**	失眠
inspiration	**lìhng-gám**	靈感
install	**jōng**	裝
installment	**fān-kèih fuh-fún**	分期付款
instant	(food) **jīk-sihk**	即食
instinct	**bún-nàhng**	本能
institute	**hohk-wúi** (M:go)	學會
instruction	**jí-sih**	指示
instrument	(music) **ngohk-hei**	樂器
insult	**móuh-yuhk**	侮辱
insurance	**yin-sō; bóu-hím**	燕梳；保險
intellectual	**ji-sīk-fahn-jí**	知識份子
intelligent	**chūng-mìhng**	聰明
intend to	**dá-syun; nám-jyuh**	打算；諗住
intensive	**gán-maht**	緊密
intensive course	**chūk-sìhng-bāan**	速成班
intention	**yuhng-yi**	用意
intentionally	**dahk-dāng; gu-yi**	特登；故意
interest	①**hing-cheui**	興趣
	②(bank) **leih-sīk**	利息
interested	**deui...yáuh hing-cheui**	對…有興趣
interesting	**dāk-yi; yáuh-cheui**;	得意；有趣
	(book, film) **hóu-tái**	好睇
interfere	**gōn-sip**	干涉
interior design	**sāt-noih chit-gai**	室內設計

intermediate	**jūng-kāp**	中級
internal	**noih-bouh**	內部
international	**gwok-jai**	國際
international school	**gwok-jai hohk-haauh** (M:gāan)	國際學校
interpreter	**chyùhn-yihk-(yùhn)**	傳譯員
inter-related	**sēung-gwāan**	相關
interview	①**fóng-mahn**	訪問
	②(test) **mihn-si**	面試
intestine	**chéung** (M:tìuh)	腸
intimate	**chān-maht**	親密
introduce	**gaai-siuh**	介紹
invade	**chām-faahn**	侵犯
invent(ion)	**faat-mìhng**	發明
invest	**tàuh-jī**	投資
investigate	**diuh-chàh**	調查
invisible	**yán-yìhng;**	隱形；
	tái-mh-dóu	睇唔到
invitation	**yīu-chíng**	邀請
invitation card	**chéng-típ;** (western)	請帖；
	yīu-chíng-kāat (M:jēung)	邀請卡
invite	**(yīu)-chéng**	邀請
involve	**hīn-sip**	牽涉
Ireland	**Oi-yíh-làahn**	愛爾蘭
iron	①**tit** ②**tong-dáu** (M:go)	鐵，燙斗
	◇**jīng-hei ~** (steam ~)	
ironing	**tong sāam**	燙衫
ironing board	**tong-sāam-báan** (M:faai)	燙衫板
irrelevant	**móuh gwāan-haih**	冇關係
irresistable	**taai yáuh-waahk**	太誘惑
irritate	**gīk-nāu** sb	激嬲
irritating	**hóu tóuh-yihm**	好討厭
island	**dóu** (M:go)	島
isolate	(sth)**gaak-hōi;** (sb)**gū-laahp**	隔開；孤立
issue	**(faat)-chēut**	發出
Italy	**Yi-daaih-leih**	意大利

itchy	**hàhn**	痕

J

jacket	**lāu** (M:gihn)	褸
jade	**yúk**	玉
jam	**gwó-jīm**	果占
Japan	**Yaht-bún**	日本
jaw	**ngàh-gaau**	牙較
jealous	**douh-geih**	妒忌
jeans	**ngàuh-jái-fu** (M:tìuh)	牛仔褲
	◇jeuk ~ (wear ~)	
jelly	**jē-léi**	啫喱
jelly fish	①**baahk-ja** ②**hói-jit**	白炸，海蜇
jewelry	**sáu-sīk**	首飾
job	**gūng-jok**	工作
Jockey Club	**Máh-wúi**	馬會
jogging	**páau bouh**	跑步
join (in)	**gā-yahp**	加入
joint	**gwāan-jit** (M:go)	關節
joke	**siu-wá** (M:go)	笑話
joking	**góng siu**	講笑
journal	**jaahp-ji** (M:bún)	雜誌
journalist	**gei-jé**	記者
journey	**léuih-chìhng** (M:go)	旅程
joy(ful)	**hōi-sām**	開心
judge	①(contest)**pìhng-pun**	評判
	②(V)**pun-dyuhn**	判斷
	③(law)**faat-gwūn**	法官
judo	**yàuh-douh**	柔道
juice	**(gwó)-jāp**	果汁
juicy	**dō jāp**	多汁
jump	**tiu**	跳
junk food	**laahp-jaahp-yéh**;	立雜嘢
	lìhng-sihk	零食

just	**ngāam-ngāam**	啱啱
justice	**gūng-pìhng**	公平
juxtapose	**bihng-liht**	並列

K

karaoke	**kā-lā-ōu-kēi** ◇cheung ~	卡拉 OK
	(sing in a ~)	
karate	**hūng-sáu-douh**	空手道
keep	**bóu-gwún**; (remain)	保管;
	bóu-làuh; (colloq)**kīp**	保留；噏
keep an eye on	**tái-jyuh; hāu-jyuh**	睇住；吼住
keep fit	(colloq)**kīp-fīt**	噏弗
keep in touch	**bóu-chìh lyùhn-lok**	保持聯絡
keep up	**bóu-chìh**	保持
kendo	**gim-douh**	劍道
ketchup	**ké-jāp** (M:jī)	茄汁
	◇dím ~ (dip in ~)	
kettle	**séui-bōu** (M:go)	水煲
key	**só-sìh** (M:tìuh; chāu)	鎖匙
	◇mùhn-sìh (door ~)	
key holder	**só-sìh-kau** (M:go)	鎖匙扣
kick	**tek**	踢
kid	**sai-louh-jái**;	細路仔；
	sai-lóu-gō	細路哥
kidnap	**bóng-piu**	綁票
kill	**saat**	殺
kilogram	**gūng-gān**	公斤
kilometer	**gūng-léih**	公里
kind	①(Adj)**hóu-yàhn**	好人
	②**júng-leuih**	種類
kindness	**hóu-yi**	好意
kindergarten	**yau-jih-yún**	幼稚園
king	**gwok-wòhng; wòhng-dai**	國王；皇帝
kiss	**sek**	錫

kitchen	**chyùh-fóng; chèuih-fóng** (M:go)	廚房
knee	**sāt-tàuh**	膝頭
kneel	**gwaih** ◊~-dāi (~ down)	跪
knife	**dōu** (M:bá) ◊yuhng ~ chit (cut with a ~)	刀
knit sweater	**jīk lāang-sāam**	織冷衫
knock	**hāau** ◊~ mùhn (~ on the door)	敲
knock down	**johng-chān**	撞親
knot	**lit** (M:go) ◊dá ~ (make a~)	結
know	**jī; (sb) sīk**	知；識
know how to	**sīk**	識
knowledge	**jī-sīk**	知識
Korea	**Hòhn-gwok**	韓國
Kowloon	**Gáu-lùhng**	九龍
kowtow	**kau tàuh**	叩頭

L

laboratory	**saht-yihm-sāt** (M:go)	實驗室
lace	**lēi-sí; fā-bīn**	厘士；花邊
lack of	**mh-gau; kyut-faht**	唔夠；缺乏
ladder	**tāi** (M:tìuh) ◊pàh ~ (climb a ~)	梯
ladle	**hok** (M:jek)	壳
lady	**néuih-jái**	女仔
lamb chop	**yèuhng-pá**	羊扒
lame	**bāi-(geuk)**	跛腳
lamp	**dāng** (M:jáan; jī)	燈
land	①(N)**tóu-deih**	土地
	②(plane) **gong-lohk**	降落
landlord	**yihp-jyú; ūk-jyú**	業主；屋主
language	**yúh-yìhn**	語言
lap	**daaih-béi**	大脾

large size	**daaih-máh**	大碼
laser disc	**(lèuih-seh) yíng-díp** (M:jek)	鐳射影碟
	◇jōu ~ (rent a ~)	
laser disc player	**yíng-díp-gēi** (M:ga)	影碟機
last	**jeui-hauh; jeui-mēi**	最後；最尾
last month	**seuhng-go yuht**	上個月
last night	**kàhm-máahn;**	琴晚；
	chàhm-máahn	噚晚
last time	**seuhng-chi**	上次
last week	**seuhng-go sīng-kèih;**	上個星期；
	seuhng-go láih-baai	上個禮拜
last year	**gauh-nín; seuhng-nín**	舊年；上年
late	(appointment) **chìh;**	遲；
	(daytime) **aan;** (night) **yeh**	晏；夜
later on	**hauh-lòih**	後來
laugh	**siu**	笑
laundry	**sái-yī-póu** (M:gāan)	洗衣舖
law	**faat-leuht**	法律
lawyer	**leuht-sī** (M:go)	律師
lay	**báai**	擺
lay eggs	**sāang dáan**	生蛋
lazy	**láahn**	懶
lead	**daai**	帶
leader	**líhng-jauh;**	領袖
	(group) **jóu-jéung;**	組長；
	(team) **deuih-jéung**	隊長
leaf	**yihp** (M:faai)	葉
leak	**lauh séui**	漏水
lean	(meat) **sau**	瘦
lean against	**ngāai-(jyuh)**	捱住
learn	**hohk**	學
leather	**péi** ◇jān-~ (genuine ~)	皮
leave	**jáu;** (formal)**lèih-hōi**	走；離開
	◇chéng ga (ask for ~)	
left	**jó-bihn**	左邊

69

left-handed	**jó-yāau**	左□
leg	**geuk** (M:jek)	腳
legal	**hahp-faat**	合法
lemon	**nìhng-mūng**	檸檬
lens	①**geng-pín** (M:faai)	鏡片
	②(camera)**geng-tàuh** (M:jī)	鏡頭
lend	**je** ◇ngóh ~ \$100 béi kéuih (I ~ him \$100)	借
lesbian	**néuih tùhng-sing-lyún-jé**; (colloq)**néuih-tùhng-ji**	女同性戀者 女同志
less	**síu-dī**	少啲
lesson	①**tòhng** ◇séuhng ~ (attend a ~) ◇lohk ~ (finish a ~)	堂
	②**gaau-fan** ◇dāk-dóu ~ (learn a ~)	教訓
let	**béi; dáng**	俾；等
let it be	**yáu-dāk-kéuih**	由得佢
let's go	**hàahng la**	行啦
letter	**seun** (M:fūng)	信
	◇sé ~ (write a ~)	
	◇gei ~ (post a ~)	
	◇sāu ~ (receive a ~)	
	◇hōi ~ (unseal ~)	
lettuce	**sāang-choi** (M:go)	生菜
level	**séui-pìhng**	水平
liable to	**yih-yū**	易於
liberal	**màhn-jyú**	民主
library	**tòuh-syū-gún** (M:go)	圖書館
licence	**pàaih** (M:go)	牌
lick	**lém**	□
lid	**goi** (M:go) ◇kám ~ (cover with a ~)	蓋
lie	①(VO)**góng daaih-wah**	講大話
	②(N)**daaih-wah**	大話
lie down	**fan-dāi**	瞓低
life	①(daily) **sāang-wuht**	生活

	②**mehng** (M:tìuh);	命
	(formal) **sāng-mihng**	生命
life-guard	**gau-sāng-yùhn**	救生員
lift	**līp** (M:bouh; ga)	粒
	◇**daap** ~ (take a ~)	
	◇**wan** ~ (stuck in the ~)	
lift up	**nīk-héi**	擢起
light	①**dāng** (M:jáan; jī)	燈
	②**gwōng** ③**dím**	光，點
	◇~ **yīn** (~ a cigarette)	
light bulb	**dāng-dáam** (M:go)	燈膽
light colour	**chín sīk** ◇~-**làahm-sīk**(~blue)	淺色
lighter	**(dá)-fó-gēi** (M:go)	打火機
lightly	**hehng-hēng**	輕輕
lightning	**sím-dihn**	閃電
like	①**jūng-yi** ②**chíh**	鍾意，似
likely to	**yáuh hó-nàhng**	有可能
	◇**gihk** ~ (very ~)	
limit(ation)	**haahn-jai**	限制
limited	**yáuh-haahn**	有限
limited company	**yáuh-haahn gūng-sī**	有限公司
line	**sin** (M:tìuh)	線
line up	**pàaih déui**	排隊
linen	**màh**	麻
lining	**léih**	裡
link	**lìhn-jip**	連接
lip	**háu-sèuhn; jéui-sèuhn**	口唇：嘴唇
lipstick	**sèuhng-gōu** (M:jī)	唇膏
	◇**chàh** ~ (put on ~)	
liquid	**yihk-tái**	液體
liquid paper	**tòuh-gói-yihk** (M:jī)	塗改液
liquid soap	**gáan-yihk** (MLjī)	梘液
listen	**tēng**	聽
literature	**màhn-hohk**	文學
litre	**gūng-sīng**	公升

litter-bin	**laahp-saap-túng** (M:go)	垃圾桶
little	①**sai** ②(uncountable) **síu**	細；少
live	(stay)**jyuh**	住
live	(show)**yihn-chèuhng**	現場
live broadcast	**jihk-bo**	直播
lively	**wuht-put**	活潑
liver	**gōn; yéun** (M:go)	肝；膶
living	**sāng-wuht**	生活
living room	**haak-tēng** (M:go)	客廳
living standard	**sāng-wuht séui-pìhng**	生活水平
lizard	**yìhm-sé** (M:tìuh)	鹽蛇
loan	**taai-fún**	貸款
lobby	**daaih-tòhng** (M:go)	大堂
local	**bún-deih**	本地
location	**deih-dím** (M:go)	地點
lock	**só** (M:bá) ◇~ **mùhn** (~ the door)	鎖
logical	**hahp-léih**	合理
London	**Lèuhn-dēun**	倫敦
lonely	**muhn; jihk-mohk**	悶；寂寞
long	**chèuhng**	長
long-distance call	**chèuhng-tòuh dihn-wá**	長途電話
long for	**hahn**	恨
long-lasting	**noih**; (objects) **kām**	耐；襟
long-sleeved	**chèuhng-jauh**	長袖
look	**tái**; (from a distance)**mohng**	睇；望
look after	**jiu-gu**	照顧
look around	**sei-wàih mohng**	四圍望
look down on	**tái-mh-héi**	睇唔起
look for	**wán**	搵
look like	**hóu-chíh**	好似
loop	**hyūn** (M:go)	圈
loose	**sūng**	鬆
Los Angeles	**Lohk-chaam-gēi**	洛杉磯
lose	①(game, etc)**syū**	輸

	②**syún-sāt; móuh-jó**	損失；冇咗
lose face	**móuh mín**	冇面
lost one's way	**dohng-sāt louh**	蕩失路
lot	**hóu dō**	好多
lottery	①(V)**chāu jéung**	抽獎
	②(ticket)**jéung-gyun**	獎券
	(M:jēung)	
loud	**daaih-sēng**	大聲
lovable, lovely	**hó-ngoi**	可愛
love	**ngoi**	愛
low	①(position)**dāi**	低
	②(height)**ngái**	矮
low profile	**dāi-diuh**	低調
luck	**wahn-hei**	運氣
lucky	**hóu-chói**	好彩
lucky draw	**chāu jéung**	抽獎
luggage	**hàhng-léih** (M:gihn)	行李
	◇**jāp** ~ (pack ~)	
lunch	(N)**aan-jau-(faahn)**;	晏晝飯
	(VO)**sihk aan**	食晏
lung	**fai** (M:go)	肺
lustrous	**ling**	令
luxurious	**chē-chí**	奢侈

M

Macau	**Ou-mún**	澳門
macaroni	**tūng-sām-fán**	通心粉
machine	**gēi-hei** (M:ga)	機器
mad	**dīn; chī-sin**	癲；黐線
madam	**taai-táai; néuih-sih**	太太；女士
magazine	**jaahp-ji** (M:bún)	雜誌
magic	**mō-seuht**	魔術
mahjong	**màh-jéuk** (M:fu) ◇**dá**~(play)	麻雀
mail	**gei**	寄

mailbox	**seun-sēung**	信箱
main	**jyú-yiu**	主要
main entrance	**daaih-mùhn** (M:douh)	大門
maintain	**wàih-chìh**	維持
maintenance	**wàih-sāu; bóu-yéuhng**	維修；保養
major	①(university)**jyú-sāu**	主修
	②**jyú-yiu**	主要
make	**jíng; jouh**	整；做
make sense	**yáuh yi-sī; hahp-léih**	有意思；合理
make use of	**(leih)-yuhng**	利用
Malaysia	**Máh-lòih-sāi-a**	馬來西亞
man	**nàahm-yán**	男人
man-made	**yàhn-jouh**	人造
manage(ment)	**gún-léih**	管理
manager	**gīng-léih**	經理
manner	**taai-douh; láih-maauh**	態度；禮貌
mansion	**daaih-hah** (M:joh)	大廈
manual	**sáu-duhng**	手動
manufacture	**(jai)-jouh**	製造
many	**hóu dō**	好多
map	**deih-tòuh** (M:jēung)	地圖
marathon	**máh-lāai-chùhng**	馬拉松
marble	①**wàhn-sehk**	雲石
	②(toy)**bō-jí** (M:nāp)	波子
margarine	**jihk-maht ngàuh-yàuh**	植物牛油
margin	**bīn**	邊
marginal	**bīn-yùhn**	邊緣
marinate	①(V)**yip** ②**jāp**	醃，汁
mark	①(score)**fān** ◇béi ~ (give ~s) ②(dirt)**jīk** (M:daat)	分 積
Mark Six	**luhk-hahp-chói**	六合彩
marker	**séui-bāt** (M:jī)	水筆
market	**gāai-síh** (M:go)	街市
market price	**síh-ga**	市價
marriage	**fān-yān** (M:dyuhn)	婚姻

marry	**git fān**	結婚
marsh-mallow	**mìhn-fā-tóng** (M:bāau; nāp)	棉花糖
marshal art	**gūng-fū** ◇dá ~(play ~)	功夫
marvelous	**sàhn-kèih**	神奇
mascara	**jit-mòuh-yihk** (M:jī)	睫毛液
mask	①(skin care)**mihn-mók**	面膜
	②**mihn-geuih** (M:go)	面具
master	(of sth)**sī-fú**	師父
master degree	**sehk-sih**	碩士
masturbate	**jih-wai**;	自慰；
	(man)(slang)**dá fēi-gēi**	打飛機
mat	**deih-jīn** (M:faai)	地氈
match	①**fó-chàaih** (M:jī)	火柴
	②(V)**chan** ③(game)	襯
	béi-choi (M:chèuhng)	比賽
material	①(fabric) **líu** ②**chòih-líu**	料，材料
	③(formal)**maht-jāt**	物質
maternity wear	**daaih-tóu sāam**	大肚衫
matter	**sih** (M:gihn)	事
mattress	**chòhng-yúk** (M:jēung)	牀褥
mature	**sìhng-suhk**	成熟
maximum	**jeui-jeuhn**; (size)**jeui daaih**	最盡；最大
may	**hó-yíh**	可以
may be	**waahk-jé**	或者
meal	**faahn** (M:chāan)	飯
mean	①(stingy)**gū-hòhn** ②**sēui**	孤寒，衰
meaning	**yi-sī** ◇**yáuh** ~ (~ful)	意思
	◇**móuh** ~ (~less)	
means	**sáu-dyuhn** (M:júng)	手段
measure	**dohk**	度
measurement	**chek-chyun**	尺寸
meat	**yuhk** (M:gauh)	肉
medal	**jéung-jēung** (M:go)	獎章
	◇**gām-pàaih** (gold ~)	
	◇**ngàhn-pàaih** (silver ~)	
	◇**tùhng-pàaih** (bronze ~)	

media	**chyùhn-mùih; mùih-gaai**	傳媒：媒界
medicine	**yeuhk** ◇sihk ~ (take ~)	藥
Mediterranean Sea	**Deih-jūng-hói**	地中海
medium	①**jūng-dáng**	中等
	②(food) **bun-sāang-suhk**	半生熟
medium size	**jūng-máh**	中碼
meet	**gin**	見
meeting	**wúi**; (formal)**wuih-yíh**	會：會議
	(M:go) ◇hōi ~ (hold a ~)	
melt	**yùhng**	溶
member	**wúi-yùhn**	會員
memo	**beih-mòhng**	備忘
memory	①**gei-sing** ◇hóu ~ (good ~)	記性
	◇móuh ~ (poor ~)	
	②(of the past) **wùih-yīk**	回憶
mend	**bóu**	補
menstruation	**yuht-gīng; gīng-kèih**	月經：經期
mental illness	**jīng-sàhn-behng**	精神病
mentally retarded	**yeuhk-ji**	弱智
mention	**tàih-(héi)**	提起
menu	**chāan-páai**;	餐牌：
	(Chinese)**choi-páai**	菜牌
merchant	**sāang-yi-yàhn**;	生意人
	(formal)**sēung-yàhn**	商人
merciful	**yàhn-chìh**	仁慈
merely	**gán-gán**	僅僅
merge	**hahp-bing**	合併
merit	**yāu-dím**	優點
mess	**jíng-lyuhn**	整亂
messy	**lyuhn-jōu-jōu**	亂糟糟
message	**háu-seun**	口信
	◇làuh ~ (leave a ~)	
metal	**gām-suhk**	金屬
meter	**bīu** (M:go)	錶

method	**fōng-faat; baahn-faat** (M:go)	方法；辦法
metre	**gūng-chek; máih**	公尺；米
microphone	**māi** (M:go)	咪
microwave oven	**mèih-bō-lòuh** (M:go)	微波爐
middle	**jūng-gāan**	中間
Middle East	**Jūng-dūng**	中東
midnight	**bun-yé**	半夜
might as well	**bāt-yùh**	不如
mild	**wān-wòh**	溫和
milk	**(ngàuh)-náaih**	牛奶
milk-powder	**náaih-fán**	奶粉
milkshake	**náaih-sīk**	奶昔
millimetre	**hòuh-máih**	毫米
mince	**dēuk-seui**	剁碎
mince beef	**míhn-jih ngàuh-yuhk**	免治牛肉
mind	①(V)**gaai-yi** ②**tàuh-nóuh** ◇~ **chīng-síng** (clear ~) ◇**gói-bin jyú-yi** (change ~)	介意，頭腦
mineral water	**kwong-chyùhn-séui**	礦泉水
mini	**màih-néih; síu-yìhng**	迷你；小型
minimum	**jeui dāi**	最低
minor	①**m̀h-gán-yiu** ②(university)**fu-sāu**	唔緊要 副修
minority	**síu-sou**	少數
mint	**bohk-hòh**	薄荷
minus	①**gáam** ②(negative) **fuh**	減，負
minute	①**fān** ②(time spent)**fān-jūng**	分 分鐘
miracle	**kèih-jīk**	奇蹟
mirror	**geng** (M:faai)	鏡
miscarriage	(woman)**síu-cháan**	小產
mischief	**ngok-jok-kehk**	惡作劇
mischievous	**baak-yim**	百厭
miser	**gū-hòhn-gwái**	孤寒鬼

miserable, misery, misfortune	**cháam; bāt-hahng**	慘；不幸
misgiving	**yìh-leuih**	疑慮
mislead	**ngh-douh**	誤導
miss	**lauh-jó**	漏咗
Miss	**síu-jé**	小姐
mist	**mouh-séui**	霧水
mistake	**cho; cho-ngh** (M:go)	錯；錯誤
	◇faahn ~ (make a ~)	
misunderstand	**ngh-wuih**	誤會
mitten	**sáu-maht** (M:deui; jek)	手襪
mix	**lōu;** (liquid) **kāu**	撈；溝
mix up	**lōu-lyuhn; gáau-cho**	撈亂；攪錯
mobile phone	**sáu-tàih dihn-wá;** (colloq)**daaih-gō-daaih**	手提電話 大哥大
model	**①mòuh-dahk-yìh**	模特兒
	②(example)**mòuh-faahn**	模範
moderate	**wān-wòh**	溫和
modern	**yihn-doih**	現代
modernize	**yihn-doih-fa**	現代化
modest	**haak-hei**	客氣
moment	**yāt-jahn-(gāan)**	一陣間
money	**chín**	錢
monster	**gwaai-sau** (M:jek)	怪獸
month	**yuht** (M:go)	月
	◇~-tàuh (beginning of a ~)	
	◇~-méih (end of a ~)	
	◇~-jūng (in the middle of a~)	
	◇dyun go ~ gai (~ly paid)	
mood	**①**(person)**sām-chìhng**	心情
	②hei-fān	氣氛
moon	**yuht-gwōng** (M:go)	月光
mop	**deih-tō** (M:go)	地拖
	◇tō deih (sweep the floor)	
moral	**douh-dāk**	道德

more	**dō-dī**	多啲
more than	Adj + **gwo**	過
morning	**jīu-jóu**	朝早
mosquito	**mān** (M:jek) ◇**béi** ~	蚊
	ngáauh (biten by a ~)	
moss	**chēng-tòih**	青苔
most	**jeui** + Adj	最
moth balls	**chau-yún**	臭丸
mother	**màh-mā; a-mā**	媽媽；阿媽
	(colloq) **mā-mìh**	媽咪
Mother's Day	**Móuh-chān-jit**	母親節
motion	**duhng-jok**	動作
motive	**duhng-gēi**	動機
motorcycle	**dihn-dāan-chē** (M:ga)	電單車
mould	**móu** (M:go)	模
mountain	**sāan** (M:joh)	山
mouse	**lóuh-syú** (M:jek)	老鼠
mouth	①**háu** (M:go)	口
	◇**lóng** ~ (rinse ~)	
	◇**maak daaih** ~ (open ~)	
	②**jéui** (M:go)	嘴
	◇**maat** ~ (wipe ~)	
mouthful	**daahm**	啖
mouthwash	**sau-háu-séui** (M:jī)	漱口水
move	①**yūk** ②(heavy object)**būn**	郁，搬
	③(emotion)**gám-duhng**	感動
	④(house)**būn ūk**	搬屋
movement	**duhng-jok**	動作
movie	**hei**; (formal) **dihn-yíng**	戲；電影
	(M:chēut; tou)	
Mr.	**sīn-sāang**	先生
Mrs.	**taai-táai**	太太
mud	**nàih**	泥
mug	**būi** (M:jek)	杯
multiply	**sìhng**	乘
murder	**màuh-saat**	謀殺

muscle	**gēi-yuhk**	肌肉
museum	**bok-maht-gwún** (M:gāan)	博物館
music	**yām-ngohk**	音樂
mushroom	**mòh-gū**	蘑菇
mussel	**chēng-háu**	青口
must	**yāt-dihng yiu**	一定要
must be	**gáng-haih**	梗係
mustard	**gaai-laaht**	芥辣
mutter	**ngìh-ngī ngòh-ngòh**	哦哦哦哦
mutton	**yèuhng-yuhk**	羊肉
mutual understanding	**wuh-sēung leuhng-gáai**	互相諒解
mysterious	**sàhn-bei**	神秘

N

nail	①(finger) **(sáu)-jí-gaap**;	手指甲
	(toe) **geuk-(jí)-gaap** (M:jek)	腳指甲
	◇jín ~ (clip ~)	
	②**dēng** (M:háu)	釘
nail clipper	**jí-gaap-kím** (M:go)	指甲鉗
nail file	**jí-gaap-cho** (M:go)	指甲銼
nail-varnish	**jí-gaap-yàuh** (M:jēun; jī)	指甲油
	◇chàh ~ (put on ~)	
naked	**móuh jeuk sāam**	冇着衫
name	**méng** (M:go)	名
name-card	**kāat-pín** (M:jēung)	卡片
nap	**hāp jahn; hāp-háh**	瞌陣；瞌吓
napkin	**chāan-gān** (M:faai)	餐巾
narrow	**jaak**	窄
narrow-minded	**síu-hei**	小器
nasty	**lihng yàhn fáan-waih**	令人反胃
nation	**màhn-juhk** (M:go)	民族
nationality	**gwok-jihk**	國籍

natives	**bún-deih-yàhn**	本地人
natural	**jih-yìhn**	自然
naturally	**jih-jih-yìhn-yìhn gám**	自自然然咁
nature	①**daaih jih-yìhn**	大自然
	②(of sth)**sing-jāt**	性質
	③(people)**bún-sing**	本性
naughty	**baak-yim; yáih**	百厭；曳
nausea	**jok áu**	作嘔
near	**káhn**	近
near to	**gahn-jyuh**	近住
nearly	**jāang-dī; gēi-fùh**	爭啲；幾乎
neat	**gōn-jehng; kéih-léih**	乾淨；企理
necessary	**bīt-yiu**	必要
	(formal)**bīt-sēui**	必須
neck	**géng** (M:tìuh)	頸
necklace	**géng-lín** (M:tìuh)	頸鍊
necktie	**(léhng)-tāai**	領呔
	◇**dá ~ (wear a ~)**	
need	①**yiu** ②(N) **sēui-yiu**	要，需要
needle	**jām** (M:jī; ngáan)	針
neglect	**fāt-leuhk**	忽略
negotiate	**sēung-lèuhng**	商量
neighbour	**gaak-lèih-jó-yauh;**	隔離左右
	gāai-fōng; lèuhn-gēui	街坊；鄰居
neither...nor	**mh-haih...dōu mh-haih...**	唔係…都唔係
neon sign	**gwōng-gún jīu-pàaih**	光管招牌
nervous	**(sàhn-gīng) gán-jèung**	神經緊張
nervous break	**sàhn-gīng sēui-yeuhk;**	神經衰弱
down	**jīng-sàhn bāng-kwúi**	精神崩潰
nest	**jeuk-chàauh** (M:go)	雀巢
neutral	①**jūng-sing**	中性；
	②(status)**jūng-laahp**	中立
never	**chùhng-lòih dōu + -ve V**	從來都
never before	**chùhng-lòih meih + V**	從來未
never mind	**mh-gán-yiu**	唔緊要
new	**sān**	新

New Territories	**Sān-gaai**	新界
New Year	**Sān-nìhn** ◇gwo ~ (spend, enjoy ~)	新年
New Year's eve	**Chèuih-jihk**	除夕
New York	**Náu-yeuk**	紐約
New Zealand	**Náu-sāi-làahn**	紐西蘭
newly	**sān-gahn**	新近
news	①**sān-mán; sān-màhn** ◇~ **bou-gou** (~ report)	新聞
	②(information)**sīu-sīk**	消息
newspaper	**bou-jí** (M:fahn; jēung)	報紙
newspaper stand	**bou-jí dong** (M:go)	報紙檔
next	**hah + M**	下
next day	**daih-(yih) yaht**	第二日
next month	**hah-go yuht**	下個月
next time	**hah-chi; daih-sìh**	下次；第時
next week	**hah-go sīng-kèih; hah-go láih-baai**	下個星期；下個禮拜
next year	**chēut-nín; hah-nín**	出年；下年
nice	**hóu;** (people) **hóu-yàhn**	好；好人
nickname	**fā-méng** (M:go) ◇**tùhng kéuih gói ~** (give him a ~)	花名
night	**yeh-máahn**	夜晚
night club	**yeh-júng-wúi**	夜總會
nightdress	**seuih-pòuh** (M:gihn)	睡袍
nightmare	**faat ngok-muhng**	發惡夢
no matter	(**mòuh-leuhn**) QW + ...**dōu**...	無論…都…
no wonder	**m̀h-gwaai-dāk**	唔怪得
noď	**ngahp táu**	嗑頭
noise	**sēng**	聲
noisy	**chòuh**	嘈
nominal	**mìhng-yih-seuhng**	名義上
nonsense	**fai-wá**	廢話

noodles	**mihn** (M:tìuh)	麵
	◊cháau ~ (fried ~)	
	◊tōng ~ (soup ~)	
normal	**jing-sèuhng**	正常
north	**bāk-bihn**	北邊
north east	**dūng-bāk**	東北
north west	**sāi-bāk**	西北
nose	**beih-(go)** (M:go)	鼻哥
	◊līu ~-(sí) (pick the ~)	
nose bleed	**làuh beih-hyut**	流鼻血
nostril	**beih-gō-lūng** (M:go)	鼻哥窿
nosy	**baat-gwa**	八卦
not at all	**m̀h-sái haak-hei**	唔駛客氣
not yet	**meih** + V	未
note	**jih-tìuh** ◊làuh ~ (leave a ~)	字條
notes	**bāt-gei** ◊chāau ~ (take ~)	筆記
note-book	**(bāt-gei)-bóu** (M:bún)	筆記簿
nothing	**móuh yéh**	冇嘢
notice	①**(N)tūng-gou** (M:jēung)	通告
	②**(V)làuh-yi**	留意
notice board	**bou-gou-báan**	佈告板
notify	**tūng-jī**	通知
nourish	**jī-yeuhn**	滋潤
novel	**síu-syut** (M:bún)	小說
now	**yìh-gā**	而家
nowadays	**sìh-hah**	時下
nuance	**yi-sī yáuh síu-síu**	意思有小小
	m̀h-tùhng	唔同
null	**móuh haauh**	冇效
numb	**màh-muhk**	麻木
number	①**sou-jih**	數字
	②**(of sth)sou-muhk**	數目
nurse	**(colloq)gū-nèuhng; wuh-sih**	姑娘；護士
nursery	**tok-yìh-só** (M:gāan)	託兒所
nut	**gwó-yàhn**	果仁
nutrition	**yìhng-yéuhng**	營養

nylon	**nèih-lùhng**	尼龍

O

obedient	**tēng-wah**	聽話
obey	①(rules) **jēun-sáu**	遵守
	②(order) **fuhk-chùhng**	服從
object	(V) **fáan-deui**	反對
objective	①(mind) **haak-gwūn**	客觀
	②(aim) **muhk-dīk**	目的
obligation	**yih-mouh**	義務
observatory	**tīn-màhn-tòih**	天文台
observe, observation	**gwūn-chaat**	觀察
obstruct	**jó-(jyuh)**	阻住
obtain	**wán-dóu**	搵到
obvious	**mìhng-hín**	明顯
obviously	**mìhng-mìhng**	明明
occasion	**chìhng-yìhng;**	情形
	(formal) **chèuhng-hahp**	場合
occasionally	**noih-m̀h-jūng;**	耐唔中
	gaan-(m̀h)-jūng;	間唔中
	ngáuh-yìhn	偶然
occupy	**jim**	佔
occur	**faat-sāng**	發生
ocean	**hói-(yèuhng)**	海洋
o'clock	Nu + **dím-jūng**	點鐘
	◇**léuhng** ~ (2:00)	
odd	**gwaai**	怪
odd number	**dāan-sou**	單數
odd jobs	**sáan-gūng**	散工
of course	**gáng-haih; dōng-yìhn**	梗係；當然
off and on	**tyúhn-tyúhn-juhk-juhk**	斷斷續續
offer	**tàih-gūng**	提供
office	**sé-jih-làuh**	寫字樓

office hour	**baahn-gūng sìh-gaan**	辦公時間
official	**jīng-sīk**	正式
often	**sìh-sìh; gīng-sèuhng**	時時；經常
oil	**yàuh** (M:jēun)	油
oil-painting	**yàuh-wá** (M:fūk)	油畫
oily	**fèih-neih**	肥膩
old	①(aged) **lóuh** ②**gauh**	老，舊
old fashioned	(colloq) **lóuh-tóu; gauh;**	老套；舊；
	gú-lóuh	古老
old man	**a-baak**	阿伯
old woman	**a-pòh**	阿婆
olive	**gaam-láam** (M:nāp)	橄欖
omit	**sáang-leuhk**	省略
omelette	**ām-liht**	奄列
on time	**jéun-sìh**	準時
one of...	**kèih-jūng yāt-go**	其中一個
one way	(trip, road)**dāan-chìhng**	單程
oneself	**jih-géi**	自己
onion	**yèuhng-chūng** (M:go)	洋蔥
only	**jihng-haih...jē**	淨係…啫
open	①**hōi** ②(free)**hōi-fong**	開，開放
	③(sth)**dá-hōi**	打開
	④(shop)**hōi mùhn**	開門
opening	①**hōi-háu**	開口
	②(grand)**hōi mohk**	開幕
opening time	(shop)**yìhng-yihp sìh-gaan;**	營業時間；
	hōi-fong sìh-gaan	開放時間
operate,	**wahn-jok**	運作
operation		
operation	(hospital)**sáu-seuht**	手術
	◇**jouh ~** (have an ~)	
opinion	**yi-gin**	意見
opportunity	**gēi-wuih** (M:go)	機會
	◇**je nī-go ~** (take this ~)	
oppose	**fáan-deui**	反對
opposite	**sēung-fáan**	相反

opposite side	**deui-mihn**	對面
optimistic	**lohk-gwūn**	樂觀
or	①(question)**dihng-haih**	定係
	②(statement) **waahk-jé**	或者
oral examination	**háu-si**	口試
orange	**cháang** (M:go)	橙
orange colour	**cháang-sīk**	橙色
orange juice	**cháang-jāp**	橙汁
orchestra	**gwún-yìhn ngohk-tyùhn**	管弦樂團
order	①**mihng-lihng**	命令
	②(food)**dím choi; giu sung**	點菜；叫餸
	③(merchandise)**dehng; giu**	訂；叫
order-made	**dehng-jouh**	訂做
ordinary	**póu-tūng**	普通
organization	**gēi-kau** (M:go)	機構
organize	**gáau; jóu-jīk**	搞；組織
oriental	**dūng-fōng**	東方
origin	**héi-yùhn**	起源
original	①**yùhn-bún**	原本
	②(new) **chong-sān**	創新
originally	**bún-lòih**	本來
ornament	**jōng-sīk-bán**	裝飾品
other	**daih-(yih)-dī; kèih-tā**	第二啲；其他
ounce	**ōn-sí**	安士
out	**chēut-heui**	出去
outdoor	**wuh-ngoih**	戶外
outline	**daaih-gōng** (M:go)	大綱
outside	**chēut-bihn; ngoih-bihn**	出邊；外邊
outstanding	**daht-chēut**	突出
oven	**guhk-lòuh** (M:go)	焗爐
over	**chīu-gwo**	超過
overall	**jíng-tái-seuhng**	整體上
overcome	**hāak-fuhk**	克服
overcrowded	**taai bīk-yàhn**	太迫人

overflow	**múhn-sé**	滿瀉
overlap	**chùhng-dihp-(jó)**	重疊咗
overload	**chīu-joi**	超載
oversea	**hói-ngoih**	海外
overseas Chinese	**wàh-kìuh**	華僑
overtime	①(work)(colloq)**hōi O.T.**; **gā-bāan** ②**gwo jūng**	開 O.T. 加班，過鐘
overwieght	**gwo-chúhng**	過重
owe	**him**; **jāang**	欠；爭
owner	**jyú-yàhn**	主人
oyster	**hòuh** (M:jek)	蠔

P

pack	(M) **bāau**	包
packing	**bāau-jōng**	包裝
page	**yihp** ◇daih yāt ~ (~ one)	頁
pager	(colloq)**kō-gēi**; **bī-bī-gēi**; (formal)**chyùhn-fū-gēi**	call 機 BB 機 傳呼機
pain, painful	**tung**	痛
pain killer	**jí-tung-yeuhk**	止痛藥
paint	①**fūi-séui** (M:gun) ②(V) **yàuh**	灰水 油
painting	**waahk wá**	畫畫
pair	**deui**	對
palace	**wòhng-gūng** (M:joh)	皇宮
pale	①(face) **mihn-chēng** ②(colour) **táahm-(sīk)**	面青 淡色
palm	**sáu-jéung**; **sáu-báan**(M:jek)	手掌；手板
Pampers	**jí-niuh-pín** (M:faai) ◇yaap pín (wear ~)	紙尿片
panda	**hùhng-māau** (M:jek)	熊貓
panic	**gēng dou m̀h-sīk chēut**	驚到唔識出

	sēng; ngòih-jó	聲；呆咗
panties	**dái-fu; noih-fu** (M:tìuh)	底褲；內褲
pants	**fu** (M:tìuh)	褲
pantyhose	**sī-maht; maht-fu** (M:deui)	絲襪；襪褲
paper	①**jí** (M:jēung)	紙
	②(thesis)**leuhn-màhn** (M:fahn)	論文
paper bag	**jí-dói** (M:go)	紙袋
paper clip	**maahn-jih-gíp** (M:go) ◇yuhng ~ gihp (clip with a ~)	萬字夾
parade	**chèuhn-yàuh**	巡遊
paradise	**tīn-tòhng**	天堂
paragraph	**dyuhn**	段
parallel	**pìhng-hàhng** ◇A tùhng B ~ (A is ~ to B)	平衡
paralysis	**táan**	癱
parcel	**bāau-gwó** (M:go) ◇gei ~ (mail a ~)	包裹
parents	**fuh-móuh;** (student)**gā-jéung**	父母；家長
Paris	**Bā-làih**	巴黎
park	①(N)**gūng-yún** (M:go)	公園
	②(V)**paak chē;** (stop)**tìhng chē**	泊車；停車
parking space	**chē-wái** (M:go)	車位
parrot	**yīng-móuh** (M:jek)	鸚鵡
part (of)	**bouh-fahn**	部份
parts	**lìhng-gín**	零件
participate	**chāam-gā**	參加
particular	**dahk-biht**	特別
partner	**paak-dong**	拍檔
pass	①**hahp-gaak** ◇mh~ (fail)	合格
	②**gwo** ③(hand) **daih**	過，遞
pass by	**gīng-gwo**	經過
passable	**gwo-dāk-heui**	過得去

passage	**tūng-douh** (M:tìuh)	通道
passenger	**sìhng-haak**	乘客
passion(ate)	**yiht-chìhng**	熱情
passive	**beih-duhng**	被動
passport	**wuh-jiu** (M:bún;go)	護照
past	**yíh-chìhn (ge sih)**;	以前嘅事
	gwo-heui	過去
paste	①**jeung** ②**jēung-wùh**	醬，漿糊
pastel (shades)	**fán-sīk** ◇**fán wòhng-sīk**	粉色
	(~ yellow)	
path	**síu-louh** (M:tìuh)	小路
patience	**noih-sing**	耐性
patient	①**hóu sām-gēi**;	好心機；
	yáuh noih-sing	有耐性
	②(N) **behng-yàhn**	病人
patriotic	**ngoi-gwok**	愛國
pattern	①(design)**tòuh-ngon**	圖案
	②**mòuh-sīk**	模式
pavement	**hàahng-yàhn-louh** (M:tìuh)	行人路
pay	**béi chín**	俾錢
peak	**sāan-déng**	山頂
peanut	**fā-sāng** (M:nāp)	花生
peanut butter	**fā-sāng-jeung** (M:ngāang)	花生醬
pearl	**jān-jyū** (M:nāp)	珍珠
peas	**chēng-dáu**	青豆
peculiar	**(kèih)-gwaai; gú-gwaai**	奇怪；古怪
peel	①(V)(knife) **pāi pèih**;	批皮
	(hand) **mīt pèih**	剝皮
	②(N)**pèih** (M:faai)	皮
peep	**jōng**	裝
pen	**bāt** (M:jī)	筆
penalty	(fine) **faht-fún; chìhng-faht**	罰款；懲罰
pencil	**yùhn-bāt** (M:jī)	鉛筆
pendant	(necklace)**lín-jéui** (M:go)	鏈咀
pendent lamp	**diu-dāng**	吊燈
pension	**teui-yāu-gām**	退休金

people	**yàhn**	人
pepper	**wùh-jīu** ◇hāak-~ (black ~)	胡椒
	◇~-fán (ground ~)	
percent	**baak-fahn jī...**	百份之…
	◇~baat-sahp (80%)	
percentage	**baak-fahn-béi**	百份比
perfect	**yùhn-méih**	完美
perform,	**bíu-yín**	表演
performance		
perfume	**hēung-séui**	香水
period of time	**yāt-dyuhn sìh-gaan**	一段時間
perm	**dihn faat**	電髮
permanent	**wíhng-gáu**	永久
permit	①**jéun** ②(N)**jéun-héui-jing**	准，准許證
persist in	**gīn-chìh**	堅持
person	**yàhn** (M:go)	人
personal	**sī-yàhn**	私人
personality	**go-sing**	個性
persuade	**hyun**	勸
pessimistic	**bēi-gwūn**	悲觀
pest	**chùhng-jái** (M:jek)	蟲仔
pesticide	**saat-chùhng-séui**	殺蟲水
pet	**chúng-maht** (M:jek)	寵物
pet shop	**chúng-maht-dim**	寵物店
petrol	**dihn-yàuh**◇yahp~ (fill in ~)	電油
petrol station	**yàuh-jaahm** (M:go)	油站
Philippines	**Fēi-leuht-bān**	菲律賓
photo album	**séung-bóu** (M:bún)	相簿
photo shop	**saai-séung-póu;**	晒相舖
	chūng-saai-dim (M:gāan)	冲晒店
photocopy	**yíng-yan**	影印
photograph	**séung** (M:jēung)	相
	◇yíng ~ (take ~)	
piano	**gong-kàhm** (M:go)	鋼琴
	◇tàahn ~ (play ~)	
pier	**máh-tàuh**	碼頭

pick	①(fruit or flower) **jaahk**	摘
	②**gáan**	揀
pick up	**jāp-héi**	執起
pick-pocket	**pàh-sáu**	扒手
picnic	**yéh-chāan**	野餐
picture	**wá** (M:fūk)	畫
	◇waahk ~ (draw ~)	
pig	**jyū** (M:jek)	豬
pile	**daahp**	疊
pile up	**daahp-héi**	疊起
pill	**yeuhk-yún** (M:nāp)	藥丸
pillow	**jám-tàuh** (M:go)	枕頭
	◇jam-jyuh ~ (lie on a ~)	
pillow case	**jám-tàuh-dói** (M:go)	枕頭袋
	◇yahp ~ (put a pillow in ~)	
pilot	**fēi-gēi-sī**	飛機師
pimple	**ngam-chōng** (M:nāp)	暗瘡
	◇sāang ~ (grow ~)	
pin	①**(daaih-tàuh)-jām**	大頭針
	(M:ngáan) ②(V) **gāt-jyuh**	揢住
pink	**fán-hùhng-sīk**	粉紅色
pitiful	**hó-lìhn**	可憐
place	**deih-fōng** (M:go)	地方
plain	①(simple) **gáan-dāan**	簡單
	②**móuh fā**	冇花
plan	**gai-waahk** (M:go)	計劃
plan to	**dá-syun; gai-waahk**	打算；計劃
plane	**fēi-gēi** (M:jek;ga)	飛機
	◇lòih-wùih gēi-piu	
	(round trip ~ ticket)	
plants	**jihk-maht** (M:pō)	植物
	◇jung ~ (grow a ~)	
plastic	**(sok)-gāau**	塑膠
plastic bag	**gāau-dói** (M:go)	膠袋
plate	**díp** (M:jek)	碟
platform	**yuht-tòih** (M:go)	月台

platinum	**baahk-gām**	白金
play	**wáan**	玩
please	**m̀h-gōi**; (formal) **chéng**	唔該；請
pleats	**jaap** (M:go)	褶
plenty (of)	**hóu dō; daaih-bá**	好多；大把
pliers	**kím** (M:go) ◊**kìhm-jyuh** (ply by a pair of ~)	鉗
plumber	**séui-hàuh sī-fú**	水喉師父
plug	**chaap-sōu** (M:go)	插蘇
plus	**gā**	加
pocket	**dói** (M:go)	袋
point	①**jīm** ②(dot) **dím**	尖，點
point at	**jí-jyuh**	指住
poise	**jī-sai**	姿勢
poisonous	**yáuh duhk**	有毒
polaroid	**jīk-yíng-jīk-yáuh (séung)** (M:jēung)	即影即有相
police	(colloq) **chāai-yàhn**; **gíng-chaat**	差人：警察
police car	**gíng-chē** (M:ga)	警車
police station	(colloq)**chāai-gwún**; **gíng-chyu**	差館：警署
policy	**jing-chaak**	政策
polish	**maat-leng**	抹靚
politics	**jing-jih**	政治
pollute, pollution	**wū-yíhm**	污染
poor	①**kùhng** ②(quality) **chā**	窮，差
popular	①**sauh fūn-yìhng** ②(fashionable)**hīng**; **làuh-hàhng**	受歡迎 興：流行
population	**yàhn-háu**	人口
pork	**jyū-yuhk** (M:gauh)	豬肉
pork chop	**jyū-pá** (M:faai)	豬扒
portable	**sáu-tàih**	手提
position	**waih-ji**	位置

positive	**jīk-gihk**	積極
possess	**yáuh; yúng-yáuh**	有；擁有
possible	**yáuh hó-nàhng**	有可能
post box	①**yàuh-túng** (M:go)	郵筒；
	◇**dáhm yahp** ~ (put in ~)	
	②(P.O. box)**yàuh-sēung**	郵箱
post office	**yàuh-(jing)-gúk** (M:gāan)	郵政局
postage	**yàuh-fai**	郵費
postcard	**mìhng-seun-pín** (M:jēung)	名信片
postgraduate	**yìhn-gau-sāng**	研究生
postgraduate school	**yìhn-gau-yún**	研究院
postman	**yàuh-chāai**	郵差
postpone	**yìhn-kèih**	延期
pot	①(tea)**wú**; ②(cooking)**bōu** (M:go)	壺，煲
potato	**syùh-jái** (M:go)	薯仔
potato chips	**syùh-pín** (M:faai)	薯片
potential	**hó-nàhng; chìhm-lihk**	可能；潛力
pound	①(weight)**bohng** ②**bóng** (M:go)	磅，磅
pound sterling	**yīng-bohng**	英鎊
pour	**dóu**	倒
powder	**fán**	粉
power	①**kyùhn-lihk**	權力
	②(strength)**lihk**	力
	◇**yáuh** ~ (full of ~)	
powerful	**sāi-leih**	犀利
practical	①(object)**saht-yuhng**	實用
	②**saht-jai**	實際
practice, practise	**lihn-jaahp**	練習
praise	**jaan**	讚
prawn	**hā** (M:jek)	蝦
precious	**bóu-gwai**	寶貴
precise	**jéun-kok**	準確

predict	**yuh-chāak** ◇gú-m̀h-dóu (unpredictable)	預測
prefer	**jūng-yi...dō-dī; nìhng-yún; chìhng-yún**	鍾意…多啲；寧願；情願
pregnant	**yáuh-jó (bìh-bī); yáuh-jó sān-géi**	有咗BB 有咗身紀
prepare, preparation	**jéun-beih; chàuh-beih**	準備；籌備
prescription	**yeuhk-fōng**	藥方
present	(N)**láih-maht** (M:fahn)	禮物
present	(time)**muhk-chìhn; yìh-gā**	目前；而家
preserve	**bóu-chyùhn**	保存
president	①**júng-túng** ②(company)**júng-chòih**	總統 總裁
press	①(V)**gahm**②**sān-màhn-gaai**	撳，新聞界
pressure	**ngaat-lihk**	壓力
pretend	**baahn; ja-dai**	扮；乍諦
pretty	**leng**	靚
prevent	**fòhng-jí**	防止
previous	**chìhn yāt-go**	前一個
previously	**yíh-chìhn**	以前
price	**ga-chìhn** ◇gā ga (increase ~) ◇dit ga (drop in ~)	價錢
pride	**jih-jyūn-sām**	自尊心
prince	**wòhng-jí**	王子
princess	**gūng-jyú**	公主
principal	**haauh-jéung**	校長
principle	**yùhn-jāk** (M:go)	原則
print	**yan**	印
printed matter	**yan-chaat-bán**	印刷品
printing	**yan-chaat**	印刷
prison	**gāam-yuhk** (M:go) ◇chóh gāam (in ~)	監獄
prisoner	**gāam-fáan**	監犯
privacy	**sī-yán**	私隱
private	**sī-yàhn**	私人

privilege	**dahk-kyùhn; yāu-waih**	特權；優惠
prize	**jéung** ◊jung ~ (win a ~)	獎
probably	**dō-sou; waahk-jé;**	多數；或者；
	daaih-koi	大概
probation	**si-yuhng-kèih**	試用期
	◊si-yuhng (on ~)	
problem	**mahn-tàih** (M:go)	問題
procedure	**sáu-juhk** (M:chùhng)	手續
process	**gwo-chìhng**	過程
	◊chyúh-léih-gán (under ~)	
produce	**sāng-cháan**	生產
product	**cháan-bán** (júng; gihn)	產品
profession	**jīk-yihp**	職業
professional	**jyùn-yihp**	專業
professor	**gaau-sauh**	教授
profit	**leih-yeuhn**	利潤
profitable	**jaahn chín**	賺錢
programme	①(entertainment)**jit-muhk**	節目
	②**gai-waahk** (M:go)	計劃
progress	**jeun-jín; jeun-bouh**	進展；進步
project	**gai-waahk** (M:go)	計劃
promise	**yīng-sìhng** ◊sáu seun-yuhng	應承
	(keep a ~)	
promote	①(person)**sīng jīk**	升職
	②(product)**syūn-chyùhn;**	宣傳；
	tēui-sīu	推銷
pronounce,	**faat-yām**	發音
pronunciation		
proof	**jing-mìhng**	證明
proper	**sīk-dong**	適當
property	**chòih-cháan**	財產
proportion	**béi-laih** ◊hahp ~ (in ~)	比例
proposal,	**gin-yíh**	建議
propose		
prospect	**chìhn-tòuh**	前途
prosperous	**fàahn-wìhng**	繁榮

protect	**bóu-wuh**	保護
prostitute	(slang)**gāi**	雞
	◇giu ~ (visit a ~);	
	(formal)**geih-néui**	妓女
	◇jiuh geih (visit a ~)	
proud	①**gīu-ngouh**	驕傲
	②(of oneself) **jih-hòuh**	自豪
prove	**jing-mìhng**	證明
provide	**tàih-gūng**	提供
prudent	**gán-sahn**	謹慎
prune	**sāi-múi** (M:nāp)	西梅
psychology	**sām-léih-(hohk)**	心理學
pub	**jáu-bā** (M:gāan)	酒吧
public	**gūng-jung**	公眾
publish	**chēut-(báan)**	出版
pull	**lāai; māng; ché**	拉；掹；扯
pulp	(fruit)**yuhk**	肉
pump	(V/N)**bām** (M:go)	泵
punctual	**jéun-sìh**	準時
punish, punishment	**chìhng-faht**	懲罰
pure	**sèuhn**	純
purple	**jí-sīk**	紫色
purpose	**muhk-dīk; jok-yuhng**	目的；作用
purse	**ngàhn-bāau** (M:go)	銀包
push	**ngúng; tēui** ◇~-màaih yāt-bihn (~ aside)	擁；推
put	**báai; jāi; fong** ◇~-dāi (~ down)	擺；擠；放
put aside	**sāu-màaih**	收埋
Putonghua	**Póu-tūng-wá**	普通話
puzzle	①(N)**chai-tòuh** (M:fu)	砌圖
	②(V)(colloq)**āau tàuh**	搲頭
pyjamas	**seuih-yī** (M:tou)	睡衣

Q

qualification	**jī-gaak**	資格
qualify	**hahp jī-gaak**	合資格
quality	**bán-jāt**	品質
quantity	**(sou)-leuhng**	數量
quarrel	**ngaai gāau**	嗌交
queen	**wòhng-hauh;**	皇 (王) 后
	(emperor)**néih-wòhng**	女皇 (王)
question	**mahn-tàih** (M:go)	問題
	◇mahn ~ (raise ~)	
queue	①(V)**pàaih déui**	排隊
	②**lùhng** (M:tìuh)	龍
	◇~-méih (end of a ~)	
quick	**faai** ◇~-dī lā (be ~)	快
quiet	**jihng**	靜
quietly	**jihng-jíng**	靜靜
quilt	**péih; mìhn-tōi** (M:jēung)	被；棉胎
quit	**m̀h-jouh;** (job)**chìh-jīk**	唔做；辭職
quite	**géi** + Adj	幾
quota	**haahn-ngáak**	限額

R

rabbit	**tou-jái** (M:jek)	兔仔
race	**choi-páau** (M:chèuhng)	賽跑
racket	**kàuh-páak** (M:go)	球拍
radio	**sāu-yām-gēi** (M:ga)	收音機
	◇hōi ~ (switch on ~)	
	◇sīk ~ (switch off ~)	
radio station	**dihn-tòih** (M:go)	電台
railway	**tit-louh** (M:tìuh)	鐵路
rain	**lohk yúh**	落雨
	◇lohk daaih yúh	
	(~ing heavily)	

rainbow	**chói-hùhng** (M:tìuh)	彩虹
raincoat	**yúh-lāu** (M:gihn)	雨褸
raise	①**tàih-gōu** ②(keep)**yéuhng**	提高，養
raise hand	**géui sáu**	舉手
range	**fūk-douh**;	幅度；
	(distance)**kéuih-lèih**	距離
rape	**kèuhng-gāan**	強姦
rapid	**faai-(chūk)**	快速
rare	①**síu-yáuh**	少有
	②(food)**sāang-dī**	生啲
rat	**lóuh-syú** (M:jek)	老鼠
rate, ratio	**béi-léut**	比率
rather	①**nìhng-yún** + V;	寧願；
	chìhng-yún + V	情願
	②**géi** + Adj	幾
rational	**léih-sing**	理性
rattan	**tàhng**	藤
raw	**sāang**	生
reach	**dou**; **daaht-dou**	到；達到
react, reaction	**fáan-ying**	反應
read	**tái** ◇~ syū (~ books)	睇
read aloud	**duhk**	讀
ready	**dāk**; **jéun-beih hóu**	得；準備好
ready-made	**yihn-sìhng**; **yihn-síng**	現成
real	**jān**; **jān-saht**	真；真實
realistic, reality	**yihn-saht**	現實
realize	**faat-yihn**	發現
really	**jān-haih**	真係
reason	**léih-yàuh**;(cause)**yùhn-yān**	理由；原因
reasonable	**hahp-léih**	合理
rebellious	**fáan-buhn**	反叛
recall	**gei-fāan-héi**	記番起
receipt	**dāan**; **sāu-geui** (M:jēung)	單；收據
receive	**sāu**; **sāu-dou**	收；收到
recent	**jeui-gahn**; **gahn-kèih**	最近；近期

recently	**jeui-gahn; nī-pàaih; gahn-lòih**	最近；呢排 近來
reception	**jip-doih-chyu** (M:go)	接待處
recite	**buih**	背
recline	**ngāai-dāi**	挨低
recognize	**yihng-dāk-(chēut)**	認得出
recommend	**gaai-siuh; tēui-jin**	介紹；推薦
record	①(V)**luhk** ②(N)**géi-luhk** ◇po ~ (break ~)	錄，紀錄
recover	①(sickness)**hóu-fāan** ②**fūi-fuhk**	好番 恢復
recruit	**jīu-sāu**	招收
rectangle	**chèuhng-fōng-yìhng**	長方形
recycle	**joi-jouh**	再造
red	**hùhng-(sīk)**	紅色
reduce	**gáam-síu**	減少
redundant	**dō-yùh**	多餘
reel	**lūk** (M:go)	碌
refer to	**jí**	指
reference	**chāam-háau**	參考
reflect	**fáan-yíng**	反影
reflection	**yíng** (M:go)	影
reform	**gói-gaak**	改革
refresh	**tàih-sàhn**	提神
refrigerator	**syut-gwaih** (M:go)	雪櫃
refugee	**naahn-màhn**	難民
refund	**teui chín**	退錢
refuse	**kéuih-jyuht**	拒絕
register	**dāng-gei**	登記
registered letter	**gwa-houh-seun** (M:fūng)	掛號信
regret	**hauh-fui**	後悔
regular	**póu-tūng**	普通
regularly	**dihng-kèih**	定期
regulation	**kwāi-jāk; kwāi-géui** (M:tìuh)	規則；規矩

relation, relationship	**gwāan-haih**	關係
relative	**chān-chīk**	親戚
relatively	**béi-gaau** + Adj	比較
relax	**fong sung**	放鬆
relaxing	**hīng-sūng**	輕鬆
relevant	**yáuh gwāan**	有關
relieve pain	**jí-tung**	止痛
reliable	**seun-dāk-gwo; kaau-dāk-jyuh**	信得過： 靠得住
religion	**jūng-gaau**	宗教
reluctant	**míhn-kéuhng**	勉強
rely on	**kaau; jí-yi**	靠；旨意
remain	**jihng-dāi**	剩低
remember	**gei-dāk**	記得
remind	**tàih-(séng)**	提醒
remote	**yìuh-yúhn**	遙遠
remote control	**yìuh-hung** (M:go)	遙控
remove	**nīng-jáu**	擰走
renew	**gāng sān; joi jouh**	更新，再做
renovate	**jōng-sāu**	裝修
rent	**jōu** ◇chēut ~ (for ~) ◇gāau ~ (pay ~)	租
repair	**jíng; sāu-léih**	整：修理
repeat	**chùhng-fūk**	重複
replace	**doih-tai**	代替
reply	**daap;** (letter) **wùih-fūk**	答：回覆
report	**bou-gou**	報告
reporter	**gei-jé**	記者
represent, representative	**doih-bíu**	代表
reputation	**mìhng-yuh**	名譽
request	**yīu-kàuh**	要求
rescue	**(chíng)-gau**	拯救
research	**yìhn-gau**	研究
resemble	**chíh**	似

reserve	①(book)**dehng**	訂
	②(keep)**làuh-héi**	留起
resident	①**jyuh-haak**	住客
	②(place)**gēui-màhn**	居民
resign	**chìh jīk**	辭職
resist	**kong-kéuih**	抗拒
resort hotel	**douh-ga jáu-dim**	渡假酒店
resources	**jī-yùhn**	資源
respect	**jyūn-juhng**	尊重
respond	**ying**	應
response	**fáan-ying**	反應
responsibility	**jaak-yahm**	責任
responsible	**fuh jaak-yahm**	負責任
	◇deui... ~ (~ for...)	
rest	**yāu-sīk**	休息
restaurant	**chāan-tēng**; (Chinese)	餐廳；
	jáu-làuh (M:gāan)	酒樓
restore	**fūi-fuhk**	恢復
restrain	**gwún-jai**	管制
restrict, restriction	**haahn-jai**	限制
restructure	**gói-jóu**	改組
result	①**git-gwó**	結果
	②(achievement)**sìhng-jīk**	成績
retail	**lìhng-sauh**	零售
retire	**teui yāu**	退休
retrieve	**wán-fāan**	搵番
return	①(sth)**wàahn-(fāan)**	還番
	②(place)**fāan-làih**	返嚟
reunion	**tyùhn-jeuih**	團聚
reveal	**sit-louh**	洩露
revenge	**bou-fuhk; bou sàuh**	報復；報仇
reverse	**fáan-jyun**	反轉
review	**wān-jaahp**	溫習
revolution	**gaak-mihng** (M:chèuhng)	革命
reward	**jéung-laih; bou-chàuh**	獎勵；報酬

rewind	**kíuh-chìhn**;	翹前
	kíuh-fāan-jyun-tàuh	翹番轉頭
rhythm	**jit-jau**	節奏
ribbon	**sī-dáai** (M:tìuh)	絲帶
rice	**faahn** ◇jyú ~(cook ~)	飯
	◇cháau ~ (fried ~);	
	(grain)**máih** (M:nāp)	米
rice cooker	**(dihn)-faahn-bōu** (M:go)	電飯煲
rich	①(wealthy)**yáuh-chín**	有錢
	②**fūng-fu** ③(liquid)**nùhng**	豐富，濃
ridiculous	**fòng-mauh**	荒謬
right	①**yauh-bihn**	右邊
	②(correct)**ngāam**;	啱；
	móuh cho	冇錯
ring	①**gaai-jí** (M:jek)	戒指
	◇daai ~ (wear a ~)	
	②**hyūn** (M:go)	圈
rinse	**gwo séui**	過水
ripe	**suhk**	熟
rise up	**sīng-héi**	昇起
risk	①**fūng-hím**	風險
	◇gōu ~ (high ~)	
	②(V)**mouh-hím** ◇~ (~y)	冒險
rival	**(séi)-deui-tàuh**	死對頭
river	**hòh** (M:tìuh)	河
road	①**louh** (M:tìuh)	路
	②(traffic)**máh-louh**	馬路
	(M:tìuh) ◇gwo ~	
	(cross the ~)	
roast	**sīu; hāau**	燒；烤
rob	**chéung**; (robber)**dá-gip**	搶；打劫
robber	**cháak**	賊
robot	**gēi-haaih-yàhn** (M:go)	機械人
rock	**sehk** (M:gauh)	石
rocket	**fó-jin** (M:jī)	火箭
rod	**gōn** (M:jī)	竿

102

roll	**gyún**	卷
romantic	**lohng-maahn**	浪漫
roof	**ūk-déng**; **tīn-páang** (M:go)	屋頂；天棚
room	**fóng** (M:gāan)	房
roommate	**tùhng-fóng**	同房
root	**gān** (M:tìuh)	根
rope	**síng** (M:tìuh)	繩
rose	**mùih-gwai-(fā)** (M:jī; déu)	玫瑰花
rotate	①(object)**syùhn-jyún**	旋轉
	②(take turn)**lèuhn-láu**	輪流
rouge	**yīn-jī** (M:hahp)	胭脂
	◇chàh ~ (blush on ~)	
rough	①(surface)**nāp-nāp-daht-**	凹凹凸凸
	daht ②(brief)**daaih-yeuk**	大約
round	①(Adj)**yùhn**	圓
	②(N)**hyūn** (M:go)	圈
round-trip ticket	**lòih-wùih gēi-piu** (M:jēung)	來回機票
row	(N)**hòhng**	行
rub	**jēut**	捽
rubbish	**laahp-saap**	垃圾
	◇dám ~; dehl ~(dispose ~)	
rude	**móuh láih-maauh**;	冇禮貌；
	chōu-lóuh	粗魯
rug	**deih-jīn** (M:faai)	地氈
rugby	**láam-kàuh** ◇dá ~ (play ~)	欖球
rule	(N)**kwāi-géui** (M:tìuh)	規矩
ruler	**gaak-chék** (M:bá) ◇yuhng	間尺
	~ dohk (measure with a ~)	
	◇yuhng ~ gaan (underline	
	with a ~)	
rumour	**yìuh-yìhn**; **chyùhn-màhn**	謠言；傳聞
run	①**jáu**	走
	②(manage)**gīng-yìhng**	經營
runway	**páau-douh** (M:tìuh)	跑道
rush	**chūng**	衝

103

rush hour	**fàahn-mòhng sìh-gaan**	繁忙時間
Russia	**Ngòh-lòh-sī**	俄羅斯
rust	**sāang sau**	生銹
ruthless	**chàahn-yán**	殘忍

S

sacrifice	**hēi-sāng**	犧牲
sad	**sēung-sām**	傷心
safe, safety	**ōn-chyùhn**	安全
sailing	**fūng-fàahn**	風帆
salad	**sā-léut** ◇jaahp-choi ~ (green ~)	沙律
salary	**yàhn-gūng** (M:fahn) ◇chēut lèuhng (receive ~)	人工
sale	**gáam ga**	減價
salesperson	①**tēui-sīu-yùhn**	推銷員
	②(shop) **sauh-fo-yùhn**	售貨員
salt	**yìhm** ◇sám ~ (sprinkle ~)	鹽
salty	**hàahm**	鹹
same	**yāt-yeuhng** ◇néih dōu ~ (~ to you)	一樣
same time	①**tùhng yāt sìh-gaan**	同一時間
	②(at the ~)**tùhng-sìh**	同時
sample	**(yeuhng)-báan**	樣辦
sand	**sā**	沙
sandals	**lèuhng-hàaih** (M:deui) ◇jeuk ~ (wear ~)	涼鞋
sandwich	**sāam-màhn-jih** (M:fahn)	三文治
sanitary napkin	**waih-sāng-gān;**	衛生巾
satellite	**waih-sīng** ◇yàhn-jouh ~ (man-made ~)	衛星
satisfaction	**múhn-jūk-gám**	滿足感
satisfactory	**lihng yàhn múhn-yi**	令人滿意
satisfied	**múhn-yi**	滿意

satisfy	**múhn-jūk**	滿足
sauce	**jāp**	汁
sauna	**sōng-nàh**	桑拿
	◇guhk ~ (take a ~)	
sausage	**hēung-chéung**	香腸
savage	**yéh-màahn**	野蠻
save	①**hāan** ◇~ chín (~ money)	慳
	◇~ sìh-gaan (~ time)	
	②(rescue)**gau**	救
savings	**chyúh-chūk; chyùhn-fún**	儲蓄；存款
saw	**geui** (M:bá)	鋸
say	**góng; wah**	講；話
scab	**jīu** (M:faai)	焦
scald	**luhk-chān**	淥親
scale	**bóng** (M:go)	磅
scandal	**cháu-màhn** (M:júng)	醜聞
scapegoat	(colloq)**tai-séi-gwái**	替死鬼
scar	**lā** (M:tìuh; daat)	疤
scare	**haak**	嚇
scared	**gēng**	驚
scarf	**sī-gān; géng-gān** (M:tìuh)	絲巾；頸巾
	◇laahm ~ (wear a ~)	
scene	**chìhng-gíng**	情景
scenery	**fūng-gíng**	風景
scent	**hēung-meih**	香味
schedule	**sìh-gaan-bíu** (M:go)	時間表
	◇dihng ~ (write a ~)	
scheme	**gai-waahk**	計劃
school	**hohk-haauh** (M:gāan)	學校
	◇fāan hohk (go to ~)	
school bus	**haauh-chē** (M:ga)	校車
school fee	**hohk-fai** (M:bāt)	學費
	◇gāau ~ (pay ~)	
school uniform	**haauh-fuhk** (M:tou)	校服
	◇jeuk ~ (wear ~)	
school year	**hohk-nìhn** (M:go)	學年

scholarship	**jéung-hohk-gām** (M:bāt)	獎學金
schoolmate	**(tùhng-haauh) tùhng-hohk**	同校同學
science	**fō-hohk**	科學
scientific	**fō-hohk-fa**	科學化
scissors	**gaau-jín** (M:bá) ◇yuhng ~	較剪
	jín (cut with a pair of ~)	
scold	**naauh** ◇béi yàhn ~ (~ed)	鬧
scoop	①(N)**hok** ②(V)**bāt**	殼，畢
score	**fān** ◇dāk ~ (~)	分
Scotland	**Sōu-gaak-làahn**	蘇格蘭
scout	**tùhng-gwān**	童軍
scramble egg	**cháau-dáan**	炒蛋
scrap	**seui**	碎
scrape	**gwaat; jēut**	刮；捽
scratch	(V)**ngāau**; (heavy)**wé**	□；□
scream	**jīm-giu**	尖叫
screen	**yìhng-mohk**	螢幕
screw	**lòh-sī** (M:háu)	螺絲
	◇séuhng ~ (to ~)	
screw driver	**lòh-sī-pāi** (M:go)	螺絲批
script	①**góu** (M:fahn)	稿
	②(film, play)**kehk-bún**	劇本
scrub	**sáang**	省
scruple	**gu-geih**	顧忌
scrupulous	**síu-sām; gán-sahn**	小心；謹慎
sculpture	**dīu-hāak**	雕刻
sea	**hói** (M:go)	海
sea-sick	**wàhn-lohng**	暈浪
seafood	**hói-sīn**	海鮮
seal	**yan; tòuh-jēung** (M:go)	印；圖章
	◇dám ~ (stamp with a ~)	
search	**wán; chaau**	搵；搜
season	**gwai-jit**	季節
seasoning	**tìuh-meih-(bán)**	調味品
seat	**wái** (M:go)	位
seat belt	**ōn-chyùhn-dáai** (M:tìuh)	安全帶

	◇laahm ~ (fasten ~)	
second	**daih-yih**	第二
second hand	**yih-sáu**	二手
second prize	**yih-jéung**	二獎
second runner up	**gwai-gwān**	季軍
secret	**bei-maht**	秘密
	◇sit-lauh ~ (reveal a ~)	
secretary	**bei-syū**	秘書
secretly	**jihng-jíng**	靜靜
section	**jit; bouh-fahn**	節；部份
see	**tái; gin-dóu**	睇；見到
see sb off	**sung-hàhng;**	送行；
	(airport)**sung-gēi**	送機
seed	①(fruit)**waht** (M:nāp)	核
	②**júng-jí** (M:nāp)	種子
seek	**wán**	搵
seesaw	**ngaht-ngaht-báan;**	蹺蹺板
	yìuh-yìuh-báan (M:faai)	
seems like	**hóu-chíh**	好似
seize	**muht-sāu**	沒收
select	**gáan**	揀
seldom	**hóu-síu; sahm-síu**	好少；甚少
selfish	**jih-sī**	自私
sell	**maaih**	賣
semester	**hohk-kèih** (M:go)	學期
semi-final	**jéun-kyut-choi**	準決賽
send	①(sb)**paai** ②**sung**	派，送
senior	①(Adj)**jī-sām**	資深
	②(N)**chìhn-bui**	前輩
sensation	**gám-gok**	感覺
sense	①**pun-dyuhn-lihk** ◇**móuh yi-sī** (makes no ~)	判斷力
	②(body)**jī-gok; gám-gok**	知覺；感覺
	③(V)**gám-gok-dou**	感覺到
sensible	**góng douh-léih**	講道理

sensitive	**máhn-gám**	敏感
sentence	**geui**	句
sentimental	**chìhng-séuih-fa**	情緒化
seperate	**fān-hōi**	分開
sequence	**seuhn-jeuih; chi-jeuih**	順序；次序
series	**haih-liht**	系列
serious	①**yìhm-juhng**	嚴重
	②(important)**gán-yiu**	緊要
	③(attitude)**yihng-jān**	認真
servant	**gūng-yàhn**	工人
serve	**jīu-fū; fuhk-mouh**	招呼；服務
service	**fuhk-mouh**	服務
set	**tou**	套
set up	**sìhng-laahp**	成立
setting	①**bui-gíng**	佈景
	②(stage) **bou-gíng**	背景
settle down	**ōn-dihng**; (live)**jyuh-lohk**	安定；住落
several	**géi + M**	幾
severe	**gán-yiu; sāi-leih**	緊要；犀利
sew	(needle)**lyùhn**; (machine)**chē**	聯；車
sewing machine	**yī-chē** (M:ga) ◇**chē sāam** (sew clothes with a ~)	衣車
sex	①**sing-biht** ②(V)**jouh ngoi**	性別，做愛
shade	**jē-jyuh**	遮住
shadow	**yíng** (M:go)	影
shake	**ngòuh; yìuh**; (self)**jan** ◇**ngāak sáu** (~ hands)	敖；搖；震
shallow	**chín**	淺
shameful	**hó-chí**	可恥
shameless	**mòuh-chí**	無恥
shampoo	**sái-tàuh-séui** (M:jī)	洗頭水
Shanghai	**Seuhng-hói**	上海
shape	**yìhng-johng** (M:go)	形狀
share	①(N)**fahn** ◇**ngóh gó-~** (my ~) ②(V)**fān**	份 分
shark	**sā-yú** (M:tìuh)	鯊魚

sharp	①(blade)**leih** ② (point) **jīm**	利，尖
	③(bright)**chéung-ngáahn**	搶眼
sharp sign	**jéng-jih**	♯字
sharpen	①(point)**pàauh-jīm**	刨尖
	②(blade)**mòuh leih**	磨利
sharpener	①(pencil)**yùhn-bāt-páau**	鉛筆刨
	(M:go) ②(knife)**mòuh-dōu-**	磨刀器
	hei (M:go)	
shave	**tai**; (beard)**tai sōu**	剃；剃鬚
shawl	**pēi-gīn** (M:gihn)	披肩
	◇**lāu ~** (wear a ~)	
shelf	**gá** (M:go)	架
shell	①**hok** ②(sea)**bui-hok**	殼，貝殼
shelter	**ngáh-jē-tàuh**	瓦遮頭
Shenzhen	**Sām-jan**	深圳
shift	①**lèuhn gāang** ②(N)**gāang**	輪更，更
shine	**faat gwōng**	發光
ship	**syùhn** (M:jek)	船
shirt	**sēut-sāam** (M:gihn)	恤衫
shit	**sí** (M:gauh)	屎
shiver	**dá láahng-jan**	打冷震
shocked	**ngohk-yìhn**	愕然
shoe lace	**hàaih-dáai** (M:tìuh)	鞋帶
	◇**bóng ~** (tie up ~)	
shoe polish	**hàaih-yáu**	鞋油
shoes	**hàaih** (M:deui; jek)	鞋
	◇**jeuk ~** (wear ~)	
	◇**gōu-jāang ~** (high heel ~)	
shoot	**seh**	射
shop	**pou-táu** (M:gāan) ◇**hōi ~**	舖頭
	(run a ~) ◇**hōi pou** (open ~)	
	◇**sāu pou** (close ~)	
shop around	**hàahng gāai**	行街
shopping	**máaih yéh**	買嘢
short	①**dyún** ②(figure) **ngái**	短，矮
shortage	**m̀h-gau**; **dyún-kyut**	唔夠；短缺

shoulder	①**bok-tàuh** (M:go)	膊頭
	◇**paak** ~ (pat ~s)	
	②(V)**dāam**	擔
shout	**aai**	嗌
show	①(V)**béi yàhn tái**;	俾人睇
	②(perform)(V/N)**bíu-yín**	表演
shower	①**chūng-lèuhng**	沖涼
	②(rain)**gwo-wàhn-yúh**	過雲雨
shower cap	**fā-sá-móu** (M:go)	花洒帽
shower head	**fā-sá-(tàuh)** (M:go)	花洒頭
shrimp	**hā** (M:jek)	蝦
shrink	**sūk séui**	縮水
shut	**sāan**; (machine)**sīk**	刪；熄
shut down	(business) **jāp-lāp**; **dóu-bai**	執笠；倒閉
shut up	**sāu sēng**; **máih chòuh**	收聲；咪嘈
shuttle bus	**chyūn-sō bā-sí** (M:ga)	穿梭巴士
shy	**pa-cháu**	怕醜
sick, sickness	**behng**	病
side	**pòhng-bīn**; **bīn**	旁邊；邊
side effect	**fu-jok-yuhng**	副作用
sigh	**taan hei**	嘆氣
sieve	(V/N)**sāi** (M:go)	篩
sign	①**páai** (M:go)	牌
	②(shop)**jīu-pàaih** (M:go)	招牌
	③(signature)**chīm méng**	簽名
signal	**seun-houh**	信號
signature	**chīm-méng**	簽名
significance	**yi-yih**	意義
	◇~ **juhng-daaih** (of ~)	
silent	①(person)**m̀h-chēut-sēng**	唔出聲
	②**jihng**	靜
silk	**sī**	絲
silver	**ngán**	銀
silver colour	**ngàhn-(sīk)**	銀色
silver medal	**ngàhn-pàaih**	銀牌
similar	**chā-m̀h-dō**	差唔多

simple	**gáan-dāan**	簡單
simplify	**gáan-fa**	簡化
simplified character	**gáan-tái-jih**	簡體字
since	①**yàuh-yū; yān-waih**	由於；因為
	②(from)**yàuh**	由
sincere	**sìhng-hán**	誠懇
sing	**cheung gō**	唱歌
singer	**gō-sīng; gō-sáu**	歌星；歌手
single	①**dāan-dīng**	單丁
	②(unmarried)**dāan-sān**	單身
single room	**dāan-yàhn-fóng** (M:gāan)	單人房
Singapore	**Sān-ga-bō**	新加坡
sink	①(N)**sīng-pún** (M:go)	星盆
	②(V)**chàhm**	沉
sip	**jyut;**	啜
	sai-sai-daahm yám	細細啖飲
sister	①(elder)**gā-jē** ②(younger)	家姐
	sai-múi; mùih-múi	細妹；妹妹
sisters	**jí-múi**	姊妹
sit	**chóh**	坐
sit down	**chóh-dāi**	坐低
situation	**chìhng-yìhng; chìhng-fong**	情形；情況
size	**daaih-sai; chek-máh**	大細；尺碼
skate	**làuh bīng**	溜冰
sketch	**chóu-tòuh** (M:jēung)	草圖
	◇**waahk** ~ (draw a ~)	
ski	**waaht syut**	滑雪
skill	**geih-seuht**	技術
skillful	**suhk-sáu; nàh-sáu**	熟手；拿手
skim milk	**tyut-jī-náaih**	脫脂奶
skin	**pèih-fū**	皮膚
skip	**tiu**	跳
skirt	**(bun-jiht)-kwàhn** (M:tìuh)	半截裙
sky	**tīn** (M:go)	天
slam	**bàahng** ◇~-**màaih douh**	砰

	mùhn (~ the door)	
slang	**juhk-yúh**	俗語
slanting	**che**	斜
slap	(on sb's face)**gwaak**	刮
slaughter	**tōng**	劏
slave	**nòuh-daih**	奴隸
sleep	**fan gaau**	瞓覺
sleeping pill	**ōn-mìhn-yeuhk**	安眠藥
sleepy	**ngáahn-fan**	眼瞓
sleeve	**jauh** (M:jek)	袖
	◇**chèuhng**-~ (long ~)	
	◇**dyún**-~ (short ~)	
	◇**móuh** ~ (~less)	
slice	①(V)**chit pín** ②(M)**pin**	切片，片
slide	**waahn-dāng-pín** (M:tùhng;	幻燈片
	jēung) ◇**yíng** ~ (take ~)	
	◇**fong** ~ (project ~)	
slight	**hīng-mèih**	輕微
slightly	**yáuh síu-síu**	有少少
slim	**míuh-tíuh**	窈窕
slip	**dái-kwàhn**	底裙
slip away	**sin-hōi**	跣開
slippers	**tō-háai** (M:deui; jek)	拖鞋
	◇**jeuk** ~ (wear ~)	
slippery	**sin; waaht**	跣；滑
slit	**hōi chā**	開叉
slogan	**háu-houh** (M:geui)	口號
slope	**che-lóu** (M:tìuh)	斜路
slow	**maahn**	慢
slow motion	**maahn-geng;**	慢鏡
	maahn-duhng-jok	慢動作
slowly	**maahn-máan**	慢慢
small	**sai**	細
small potato	(colloq)**jēut-jái**	卒仔
smart	**síng-muhk**	醒目
smell	①(N)**meih** (M:jahm; buhng)	味

	②(V)**màhn**	聞
smile	**siu-háh; mèih-siu**	笑吓；微笑
smoke	①(N)**yīn** (M:jahm)	煙
	②(VO)**sihk yīn**	食煙
smooth	**waaht;**	滑；
	(surface)**pìhng-waaht**	平滑
smuggle	**jáu-sī**	走私
snack	**síu-sihk**	小食
snake	**sèh** (M:tìuh)	蛇
sneak away	**sūng-yàhn; līu-jáu**	鬆人；溜走
sneeze	**dá hāt-chī**	打乞嚏
snobbish	**sai-leih**	勢利
snooker	**cheuk-kàuh**	桌球
	◇**dá ~** (play ~)	
snore	**ché beih-hòhn**	扯鼻鼾
snow	①(VO)**lohk syut**	落雪
	②(N)**syut**	雪
so	**gam** + Adj	咁
so called	**giu-jouh; só-waih**	叫做；所謂
so so	**syun haih gám lā**	算係咁啦
soak	**jam**	浸
soap	**fàan-gáan** (M:gauh)	番梘
soccer	**jūk-kàuh** ◇**tek ~** (play ~)	足球
social worker	**séh-gūng**	社工
society	**séh-wúi**	社會
socket	**chaap-sōu** (M:go)	插蘇
socks	**(dyún)-maht** (M:deui; jek)	短襪
	◇**jeuk ~** (wear ~)	
soda	**sō-dá**	梳打
sofa	**sō-fá** (M:jēung)	梳化
soft	**yúhn**	軟
soft drink	**hei-séui**	汽水
softball	**lèuih-kàuh** ◇**dá ~** (play ~)	壘球
sole	**hàaih-dái**	鞋底
sole agent	**duhk-gā doih-léih**	獨家代理
solicitor	**leuht-sī**	律師

	◇ ~ -làuh (~'s office)	
solution	**gáai-kyut baahn-faat**	解決辦法
solve problems	**gáai-kyut mahn-tàih**	解決問題
some	**(yáuh) dī**	(有)啲
sometimes	**yáuh-sìh**	有時
son	**jái**	仔
song	**gō** (M:sáu; jek)	歌
	◇cheung ~ (sing ~s)	唱歌
soon	**chíh-jóu**	遲早
sooner or later	**jauh-(làih); jauh-faai**	就嚟；就快
sore	**tung**	痛
	◇hàuh-lùhng ~ (~ throat)	喉嚨痛
sorrow	**sēung-sām**	傷心
sorry	**deui-m̀h-jyuh;**	對唔住
	m̀h-hóu-yi-sī	唔好意思
soul	**lìhng-wàhn** (M:go)	靈魂
sound	**sēng**	聲
soup	**tōng** (M:bōu; wún)	湯
	◇bōu ~ (cook ~)	
sour	**syūn**	酸
south	**nàahm-bihn**	南邊
South Africa	**Nàahm-fēi**	南非
South America	**Nàahm-méih**	南美
south east	**dūng-nàahm**	東南
South East Asia	**Dūng-nàahm-a**	東南亞
south west	**sāi-nàahm**	西南
souvenir	**géi-nihm-bán** (M:fahn)	紀念品
soy sauce	**sih-yàuh**	豉油
space	**(hūng)-wái** (M:go)	空位
space-shuttle	**chyūn-sō-gēi**	穿梭機
spacious	① **hūng-kwong**	空曠；
	② (house) **fut-lohk**	闊落
spare	**sih-bē**	士啤
speak	**góng**	講
special	**dahk-biht**	特別
specialized	**jyūn-mùhn**	專門

specially	**jyūn-dāng; dahk-dāng**	專登；特登
spectacles	**ngáahn-géng** (M:fu)	眼鏡
	◇daai ~ (wear ~)	
spectacular	①(view, scene)**jong-gwūn**	壯觀
	②**kāp-yáhn-yàhn**	吸引人
spectator	**gwūn-jung** (M:bāan)	觀眾
speech	**yín-góng** ◇~ (make a ~)	演講
speed	**chūk-douh**	速度
speed up	**gā-faai; gā-chūk**	加快；加速
spell	①(VO)**chyun (jih)**	串字
	②(N)**jau-yúh** (M:geui)	咒語
spend	(money)**sái chín;**	駛錢；
	(time)**fā sìh-gaan**	花時間
spice	**hēung-líu**	香料
spicy	**laaht**	辣
spider	**jī-jyū** (M:jek)	蜘蛛
	◇~-móhng (~ web)	
spill	**sé**	瀉
spin	**jyun**	轉
spirit	**jīng-sàhn**	精神
spit	**tou háu-séui;**	吐口水；
	tou tàahm	吐痰
spit out	**tou; lēu**	吐；嘍
split	**liht-hōi**	裂開
sponge	**hói-mìhn** (M:gauh)	海綿
spoon	①(N)**(chìh)-gāng** (M:jek)	匙羹
	②(V)**bāt**	畢
sport	**wahn-duhng; tái-yuhk**	運動；體育
sports ground	**wahn-duhng-chèuhng**	運動場
	(M:go)	
sports shoes	**bō-hàaih**	波鞋
sportsman	**wahn-duhng-yùhn**	運動員
spray	**pan**	噴
spring	①(season)**chēun-tīn**	春天
	②(water)**pan-chyùhn**	噴泉
	③**daahn-gūng**	彈弓

spring out/up	**daahn-chēut-làih**	彈出嚟
spy	**gaan-dihp**	間諜
square	①(shape)**sei-fōng-(yìhng)**	四方形
	②(place)**gwóng-chèuhng**	廣場
	(M:go)	
square foot	**(pìhng-fōng)-chek**	平方呎
squeeze	**lín; jā**	練；揸
squid	**yàuh-yú** (M:jek)	魷魚
stab	**gāt**; (with strength) **chaap**	拮；插
stable, stabilize	**wán-dihng**	穩定
stadium	**tái-yuhk-gwún** (M:go)	體育館
staff	**jīk-yùhn**	職員
stage	①**gāai-dyuhn** (M:go)	階段
	②(play)**móuh-tòih** (M:go)	舞台
stain	①**wū-jīk**	污漬
	②(V)**jíng wū-jōu**	整污糟
staircase	**làuh-tāi** (M:tòhng)	樓梯
	◇**hàahng ~** (take the ~)	
	◇**séuhng ~** (walk up the ~)	
	◇**lohk ~** (walk down the ~)	
stall	**dong-(háu)** (M:go) ◇**hōi ~**	檔口
	(open ~) ◇**sāu ~** (close)	
stamp	①(post) **yàuh-piu** (M:go)	郵票
	②**yan** (M:go) ◇**dám ~**	印
	(put a ~ on sth)	
stand	**kéih** ◇**~ hái-douh** (~ing)	企
stand for	**doih-bíu**	代表
stand up	**kéih-héi-sān**	企起身
standard	①**séui-jéun; séui-pìhng**	水準；水平
	②(model)**bīu-jéun**	標準
staple	**dēng**	釘
stapler	**dēng-syū-gēi** (M:go)	釘書機
star	**sīng** (M:nāp)	星
Star TV	**waih-sīng dihn-sih**	衛星電視
stare at	①**mohng-jyuh**	望住

	②(angrily)**gwaht-jyuh**	掘住
start	**hōi-chí**; (journey)**chēut-faat**	開始;出發
starting point	**héi-dím**	起點
starve to death	**ngoh-séi**	餓死
state of mind	**sām-léih**	心理
station	**jaahm** (M:go)	站
stationery	**màhn-geuih**	文具
status	**deih-waih**	地位
stay	①(hotel)**jyuh** ②**làuh hái**...	住,留喺…
stay away	**bóu-chìh kéuih-lèih**;	保持距離;
	lèih-hōi	離開
stay behind	**làuh-dāi**	留低
steady	**wán-dihng**	穩定
steak	**ngàuh-pá** (M:faai)	牛扒
steal	**tāu**	偷
steam	①(food) **jīng** ②**jīng-hei**	蒸,蒸氣
steel	**gong**	鋼
steep	**che**	斜
sterilize	**sīu-duhk**	消毒
stew	**mān**	炆
stick	①(V)**tip** ②(N)**gwan** (M:jī)	貼,棍
stick out	**daht-chēut-làih**;	凸出嚟
	sān-chēut-làih	伸出嚟
sticker	**tip-jí** (M:jèung)	貼紙
sticky	**chī-lahp-lahp**	黐立立
stiff	**ngaahng**	硬
still	①**juhng-haih**	仲係
	②(atmosphere) **pìhng-jihng**	平靜
stink	**faat chau**	發臭
stir	**gáau**	攪
stock	**fo** ◇**móuh ~** (out of ~)	貨
stock market	**gú-piu síh-chèuhng**	股票市場
stockings	**chèuhng-maht** (M:deui; jek)	長襪
	◇**jeuk ~** (wear ~)	
stomach	(upper)**waih**; (lower)**tóuh**	胃;肚
	(M:go)	

117

stomach upset	**fáan waih**	反胃
stomachache	**tóuh-tung; waih-tung**	肚痛；胃痛
stone	**sehk** (M:gauh)	石
stop	①**tìhng** ②(sb) **jó-jí**	停，阻止
store	**chyúh-chyùhn**	儲存
store room	**chyúh-maht-sāt** (M:go)	儲物室
stored value ticket	**chyúh-jihk-piu** (M:jēung)	儲值票
storey	(M)**chàhng**	層
story	**gú-jái; gu-sih** (M:go) ◇**góng** ~ (tell ~)	古仔；故事
stove	**lòuh** (M:go) ◇**jyú-sihk-**~ (cooking ~)	爐
straight	**jihk**; (in the middle)**jeng**	直；正
straight forward	**jihk-jip**	直接
strange	**gwaai; dāk-yi**	怪；得意
stranger	**sāang-bóu-yàhn**	生埗人
strap	**dáai** (M:tìuh)	帶
strategy	**chaak-leuhk**	策略
street	**gāai** (M:tìuh)	街
strength	**lihk**	力
stress	①(N)**ngaat-lihk**	壓力
	②(V)**kèuhng-diuh**	強調
stretch out	**sān... chēut** ◇**sān sáu chēut-làih** (~ the hands)	伸…出
strict	**yìhm**	嚴
strike	**bah-gūng**	罷工
string	**síng** (M:tìuh)	繩
stripe	**jihk-gaan; gaan-tíu**	直間；間條
stripe light	**gwōng-gwún** (M:jī)	光管
stroll	**saan bouh**	散步
strong	①(physical)**kèuhng-jong**	強壯
	②**kèuhng-liht**	強烈
structure	**git-gau; gau-jouh**	結構；構造
struggle	**jāng-jaat**	掙扎

stubborn	**wàahn-gu; gu-jāp**	頑固：固執
stuck	**kīk-jyuh**	□住
student	**hohk-sāang**	學生
studio	①(recording)**luhk-yām-sāt** (M:go) ②(photograhy) **yíng-làuh** (M:go)	錄音室 影樓
study	**duhk syū**	讀書
stuff	①**sāk** ②(cooking)**yeuhng**	塞，釀
stuffy	**guhk**	焗
stupid	**chéun; sòh**	蠢：傻
style	①**fōng-sīk; fūng-gaak** ②(design)**fún-(sīk)**	方式：風格 款式
subject	**fō-muhk** (M:go)	科目
subjective	**jyú-gwūn**	主觀
submit	**fuhk-chùhng**	服從
subscribe	**dehng**	訂
subsidy	**jēun-tip**	津貼
substitute	**doih-tai**	代替
subway	**seuih-douh** (M:tìuh)	隧道
succeed	①**sìhng-gūng** ②(sb)**gai-sìhng**	成功 繼承
success, successful	**sìhng-gūng**	成功
successor	**gai-sìhng-yàhn;** (job)**gai-yahm-yàhn**	繼承人 繼任人
such	**gam** + Adj; **gám ge** + N	咁：咁嘅
such as	**hóu-chíh...jī-léui**	好似…之類
suck	**jyut**	啜
suddenly	**fāt-yìhn-(gāan); daht-yìhn-(gāan)**	忽然間 突然間
suede	**gēng-péi**	猄皮
suffer	(endure)**ngàaih; sauh fú**	捱：受苦
suffering	**tung-fú**	痛苦
sufficient	(**jūk**)-**gau**	足夠
sugar	**tòhng**	糖
suggest	**tàih-yíh**	提議

suicide	**jih-saat** ◇~(commit ~)	自殺
suit	**sāi-jōng**; (lady)**tou-jōng**	西裝；套裝
suitable	**sīk-hahp**; **ngāam**	適合；啱
suitcase	**léuih-hàhng-gīp** (M:go)	旅行唸
suite	**tou-fóng** (M:gāan)	套房
sum	**júng-sou**	總數
summary	**chyut-yiu**; **daaih-gōng**	撮要；大綱
summer	**hah-tīn**; **tīn-yiht**	夏天；天熱
summer job	**syú-kèih-gūng** (M:fahn) ◇jouh ~ (do ~)	暑期工
summer vacation	**syú-ga**	暑假
sun	**taai-yèuhng** (M:go)	太陽
sun burn	**saai-sēung**	曬傷
sun glasses	**taai-yèuhng ngáahn-géng** (M:fu) ◇daai ~ (wear ~)	太陽眼鏡
sun-bath	**saai taai-yèuhng**	晒太陽
sunny	**hóu-tīn**	好天
suntan lotion	**taai-yèuhng-yàuh** (M:jī) ◇chàh ~ (spread on ~)	太陽油
superficial	**bíu-mihn**	表面
superior	**yāu-yuht**	優越
supermarket	**chīu-kāp-síh-chèuhng** (M:gāan)	超級市場
superstition, superstitious	**màih-seun**	迷信
supervise	**jí-douh**	指導
support	**jī-chìh**	支持
suppose	①(if)**yùh-gwó; gá-chit** ②(mistaken)**yíh-wàih**	如果；假設 以為
suppress	**jai-jí**	制止
sure	**háng-dihng**	肯定
surely will	**yāt-dihng**	一定
surface	(object)**mín; bíu-mihn**	面；表面
surfing	**waaht-lohng**	滑浪
surgery	**sáu-seuht** (M:go)	手術

surname	**sing**	姓
surprise	**haak** (sb) **yāt-tiu**	嚇一跳
	◇Néih haak-jó ngóh yāt-tiu	
	(You ~ed me)	
surrender	**tàuh hòhng**	投降
surround	**wàih-jyuh; bāau-wàih**	圍住；包圍
survey	**diuh-chàh** (M:go)	調查
suspect	**wàaih-yìh**	懷疑
suspend	**jaahm-tìhng**	暫停
suspicious	**hó-yìh**	可疑
sustain	**gai-juhk**	繼續
swallow	**(V)tān**	吞
swear	**faat saih**	發誓
sweat	**hohn** (M:dihk) ◇chēut ~ (~)	汗
sweater	**lāang-sāam** (M:gihn)	冷衫
	◇jeuk ~ (wear ~)	
sweep	**sou** ◇~ deih (~ floor)	掃
sweet	**tìhm**	甜
swell	①(inflamed)**júng** ②**jeung**	腫，脹
swim	**yàuh séui**	游水
	◇bui-wihng (back stroke)	
	◇wā-sīk (breast stroke)	
	◇dihp-sīk (butterfly stroke)	
	◇jih-yàuh-sīk (front crawl)	
swimming suit	**wihng-yī** (M:gihn)	泳衣
swimming gala	**séui-wahn-wúi**	水運會
swimming pants	**wihng-fu** (M:tìuh)	泳褲
swimming pool	**(yàuh)-wihng-chìh** (M:go)	游泳池
swing	①(V)**fihng** ②**chīn-chāu**	□，鞦韆
	(M:go) ◇dá ~ (play a ~)	
switch	**jai** (M:go)	掣
switch off	**sāan; sīk**	閂；熄
switch on	**hōi; jeuhk**	開；着

symbol	**fùh-hóu** (M:go)	符號
sympathize	**tùhng-chìhng**	同情
sympathy	**tùhng-chìhng-sām**	同情心
	◇yáuh ~ (sympathetic)	
symptom	**jīng-johng** (M:júng)	徵狀
syrup	**tòhng-séui**	糖水
system	**jai-douh; haih-túng**	制度；系統

T

T-shirt	**tī-sēut** (M:gihn)	T恤
table	①**tói** (M:jēung)	枱
	②(list)**bíu** (M:go)	表
table cloth	**tói-bou** (M:faai)	枱布
	◇pōu ~ (spread ~ on)	
table tennis	**bīng-bām-bō**	乒乓波
	◇dá ~ (play ~)	
taboo	**gam-geih**	禁忌
tactic	**jin-seuht** (M:júng)	戰術
taekwondo	**tòih-kyùhn-douh**	跆拳道
tag	**bīu-chīm** (M:go)	標籤
Tai chi	**taai-gihk** ◇sá ~ (play ~)	太極
tail	**méih** (M:tìuh)	尾
tailor	**chòih-fúng**	裁縫
Taiwan	**Tòih-wāan**	台灣
take away	**nīng-jáu; nīng-hōi**	擰走；擰開
take care	**jiu-gu;**	照顧：
	(of oneself)**bóu-juhng**	保重
take it easy	**fong-sūng-dī**	放鬆啲
take off	①(clothes)**chèuih**	除
	②(plane)**héi-fēi**	起飛
take turns	**lèuhn-láu**	輪流
talent	**tīn-fahn**	天份
talented person	**yàhn-chòih**	人才
talk	**kīng; (chat)kīng gái**	傾：傾偈

talkative	**m̀h-tìhng-háu**	唔停口
tall	**gōu**	高
tame	**sèuhn-fuhk**	馴服
tank	①(water)**séui-sēung**;	水箱
	②(petrol)**yàuh-gōng** (M:go)	油缸
tap	**séui-hàuh** (M:go)	水喉
	◇hōi ~ (turn on the ~)	
	◇sāan ~ (turn off the ~)	
tape	**luhk-yām-dáai** (M:béng)	錄音帶
tape recorder	**luhk-yām-gēi** (M:ga)	錄音機
target	**muhk-bīu**	目標
	◇jung ~ (hit the ~)	
task	**yahm-mouh**	任務
taste	①**meih-(douh)** (M:júng)	味道
	②(V)**si meih**	試味
tattoo	**màhn-sān**	紋身
tax	**seui** ◇gāau ~ (pay ~)	稅
taxi	**dīk-sí** (M:go)	的士
tea	**chàh** ◇chūng ~ (make ~)	茶
	◇jām ~ (pour ~)	
tea bag	**chàh-bāau** (M:go)	茶包
tea leaves	**chàh-yihp**	茶葉
tea strainer	**chàh-gáak** (M:go)	茶隔
teach	**gaau**	教
teacher	**sīn-sāang**; **lóuh-sī**	先生；老師
teapot	**chàh-wú** (M:go)	茶壺
tear	①(V)**sī** ◇~-hōi (~ apart)	撕
	②(N)**ngáahn-leuih**	眼淚
	(M:dihk)	
tease	**siu**; **chéui-siu**	笑；取笑
technology	**geih-seuht**	技術
tedious	**mòuh-lìuh**	無聊
teenager	**chīng-siu-nìhn**	青少年
telegram	**dihn-bou** (M:fūng)	電報
telephone	**dihn-wá** (M:go)	電話
	◇dá ~ (make a ~ call)	

television	**dihn-sih** (M:go)	電視
	◇**tái ~** (watch ~)	
television channel	**dihn-sih-tòih** (M:go)	電視台
television programme	**dihn-sih jit-muhk**	電視節目
tell	**wah...jī;**	話…知；
	góng...tēng	講…聽
temper	**pèih-hei**	脾氣
temperature	**wān-douh**	溫度
	◇**taam yiht** (take body ~)	
temple	**míu** (M:gāan)	廟
temporararily	**jaahm-sìh**	暫時
temptation	**yáhn-yáuh; yáuh-waahk**	引誘；誘惑
tenant	**jōu-haak**	租客
tendency	**kīng-heung; chēui-sai**	傾向；趨勢
tender	①(meat)**nyuhn-waaht**	嫩滑
	②(kind)**wān-yàuh**	溫柔
tennis	**móhng-kàuh** (M:go)	網球
	◇**dá ~** (play ~)	
tennis court	**móhng-kàuh-chèuhng** (M:go)	網球場
tense	(Adj)**gán-jēung**	緊張
term	(condition)**tìuh-gín** (M:go)	條件
terminus	**júng-jaahm** (M:go)	總站
terrible	**húng-bou;**	恐怖；
	dāk-yàhn-gēng	得人驚
test	①**si-yihm**	試驗
	②(school)**chāak-yihm**	測驗
text	**fo-màhn**	課文
text book	**gaau-fō-syū** (M:bún)	教科書
texture	**jāt-déi**	質地
Thailand	**Taai-gwok**	泰國
thank you	**m̀h-gōi; dō-jeh**	唔該；多謝
theatre	**hei-yún** (M:gāan)	戲院
theme	**jyú-tàih**	主題

124

then	**yìhn-hauh; gān-jyuh;** (if)**jauh**	然後；跟住 就
theory	**léih-leuhn**	理論
therapy	**maht-léih jih-lìuh**	物理治療
therefore	**só-yíh**	所以
thesis	**leuhn-màhn** (M:pīn)	論文
thick	①**háuh** ②(liquid)**giht**	厚，杰
thief	**chaahk / cháak**	賊
thigh	**daaih-béi**	大脾
thin	①(person)**sau** ②**bohk**	瘦，薄
thing	**yéh** (M:yeuhng)	嘢
think	**nám; séung**	諗；想
third	**daih-sāam**	第三
third prize	**sāam-jéung**	三獎
thirsty	**háu-hot**	口渴
thought	**sī-séung**	思想
thoughtful	**sai-sām**	細心
thread	**sin** (M:gyún; tìuh)	線
threaten	**húng-haak**	恐嚇
throat	**hàuh-lùhng**	喉嚨
through	**tūng-gwo; tau-gwo**	通過；透過
throughout	**sèhng** + M + N; **chyùhn** + M + N ◇~-gwok (~ the country)	成； 全
throw	**deng; dám; dehl**	掟；揼；擲
thumb	**sáu-jí-gūng** (M:jek)	手指公
thunder	**hàahng-lèuih** ◇~ sím-dihn (~ and lightning)	行雷
ticket	**fēi** (M:jēung) ◇piu-ga (~ price)	飛
ticket office	**sauh-piu-chyu** (M:go)	售票處
tickle	**jīt**	擳
tidy	**jíng-chàih; kéih-léih**	整齊；企理
tidy up	(house)**jāp ūk;** (room)**jāp fóng**	執屋； 執房
tie up	**jaat-(jyuh); bóng-(jyuh)**	紮住；縛住

tight	**gán**	緊
tightly closed	**saht**	實
tile	**chìh-jyūn** (M:faai)	瓷磚
till	**ji...; dou...**	至…；到…
time	**sìh-gaan** ◇gói ~ (change ~)	時間
	◇fā ~ (spend ~, ~ consuming) ◇sāai ~ (waste of ~)	
time's up	**gau jūng**	夠鐘
timer	**gai-sìh-hei** (M:go)	計時器
timid	**sai-dáam**	細膽
tin	**(tit)-gwun** (M:go)	鐵罐
tips	**tīp-sí**	貼士
tired	**guih**; (of sth)**yim**	攰；厭
tissue paper	**jí-gān** (M:bāau; hahp; jēung)	紙巾
title	①**tàih-muhk** (M:go)	題目
	②(job)**hàahm-tàuh** (M:go)	銜頭
toast	**dō-sí** (M:faai)	多士
	◇hon mihn-bāau (~ a bread)	
toaster	**dō-sí-lòuh** (M:go)	多士爐
today	**gām-yaht**	今日
toe	**geuk-jí** (M:jek)	腳趾
together	**yāt-chàih**	一齊
toilet	**chi-só** ◇chūng ~ (flush ~);	廁所
	sái-sáu-gāan (M:go)	洗手間
	◇naàhm-chi (men's ~)	
	◇néuih-chi (women's ~)	
toilet cleaner	**git-chi-jāi** (M:jī)	潔廁劑
toilet paper	**chi-jí** (M:gyún; gaak)	廁紙
Tokyo	**Dūng-gīng**	東京
tolerate	**(yùhng)-yán** ◇díng-m̀h-seuhn (untolerable)	容忍
tomato	**fāan-ké**	番茄
tomb	**fàhn-mouh**	墳墓
tomboy	**nàahm-jái-tàuh**	男仔頭
tomorrow	**tīng-yaht**	聽日
tongue	**leih** (M:tìuh)	脷

tongue twister	**gāp-háu-lihng**	急口令
too	①(also)**dōu**	都
	②**taai** + Adj	太
tool	**gūng-geuih; ga-chāang**	工具；架撐
	(M:gihn)	
tooth	**ngàh** (M:jek)	牙
	◇chaat ~ (brush ~)	
tooth paste	**ngàh-gōu** (M:jī)	牙膏
	◇jīt ~ (squeeze ~ out)	
tooth picks	**ngàh-chīm** (M:jī)	牙簽
toothache	**ngàh-tung**	牙痛
toothbrush	**ngàh-cháat** (M:jī)	牙擦
top	①(of sth)**déng;**	頂；
	(flat surface)**mín**	面
	◇tói-~ (desk ~) ②(best)	
	jeui hóu; jeui chēut-méng	最好；最出名
topic	(spoken)**wah-tàih;**	話題；
	tàih-muhk (M:go)	題目
torch	**dihn-túng** (M:jī)	電筒
tortoise	**wū-gwāi** (M:jek)	烏龜
torture	**jit-mòh**	折磨
total	(sum)**júng-sou; júng** + N	總數；總
touch	**mó;** (lightly)**dim**	摸；掂
touching	**gám-duhng**	感動
tough	①(object) **ngaahng**	硬
	②(person) **ngàaih-dāk**	捱得
tour	**léuih-hàhng-tyùhn** (M:go)	旅行團
tour around	**yàuh-láahm**	遊覽
tourist	**yàuh-haak**	遊客
tow	**tō chē**	拖車
towards	**heung**	向
towel	**mòuh-gān** (M:tìuh)	毛巾
	◇daaih ~ (bath ~) ◇yuhng	
	~ maat (wipe with a ~)	
town	**jan** (M:go)	鎮
toxic	**yáuh duhk**	有毒

127

trace	**hàhn-jīk**	痕跡
trade	**mauh-yihk**	貿易
trade mark	**sēung-bīu** (M:go)	商標
tradition	**chyùhn-túng**	傳統
traffic	**gāau-tūng**	交通
traffic accident	**gāau-tūng yi-ngoih** (M:jūng)	交通意外
traffic jam	**sāk chē**	塞車
traffic lights	**gāau-tūng-dāng** (M:jáan)	交通燈
tragedy	**bēi-kehk** (M:chēut)	悲劇
tragic	**cháam**	慘
train	**fó-chē** (M:ga)	火車
train station	**fó-chē-jaahm** (M:go)	火車站
training	**fan-lihn**	訓練
tram	**dihn-chē** (M:ga)	電車
transfer	**jyun; jyún-yìh**	轉；轉移
transitional period	**gwo-douh sìh-kèih**	過渡時期
translate, translation	**fāan-yihk**	翻譯
translator	**fāan-yihk-(yùhn)**	翻譯員
transport	**wahn**	運
transportation	**gāau-tūng gūng-geuih**	交通工具
trap	**hahm-jihng** (M:go)	陷阱
	◊dit-lohk ~ (fall into a ~)	
	◊chit ~ (set a ~)	
travel	**léuih-hàhng**	旅行
travel agency	**léuih-hàhng-se** (M:gāan)	旅行社
traveller's cheque	**léuih-hàhng jī-piu**	旅行支票
tray	**(tok)-pún** (M:go)	托盆
treasure	**chòih-fu**	財富
treat	①**deui-(doih)**	對待
	②(invite)**chéng**	請
tree	**syuh** (M:pō)	樹
tremble	**jan**	震

trend	**chìuh-làuh**	潮流
trendy	**hīng; làuh-hàhng**	興；流行
trick	**bá-hei**	把戲
trip	①**léuih-hàhng** (M:chi)	旅行
	②(business)**gūng-gon;**	公幹：
	chēut-chāai	出差
trivial	**só-seui**	瑣碎
trolley	**chē-jái;**	車仔：
	sáu-tēui-chē (M:ga)	手推車
	◇**tēui** ~ (push ~)	
trouble, troublesome	**màh-fàahn**	麻煩
trousers	**fu** (M:tìuh)	褲
	◇**jeuk** ~ (wear ~)	
truck	**fo-chē** (M:ga)	貨車
true	**jān; jān-saht**	真；真實
trust	**seun-(yahm)**	信任
trustworthy	**seun-dāk-gwo**	信得過
truth	**sih-saht; jān-seung**	事實；真相
try	**si**	試
try one's best	**jeuhn lihk**	盡力
tuck	**jaap** (M:go)	褶
	◇**dá** ~ (make a ~)	
tuition fee	**hohk-fai** (M:bāt)	學費
	◇**gāau** ~ (pay ~)	
tuitor	**sīn-sāang; lóuh-sī**	先生：老師
	◇**bóu-jaahp** ~ (private ~)	
tumble dryer	**gōn-yī-gēi** (M:ga)	乾衣機
tumour	**láu** (M:go)	瘤
tunnel	**seuih-douh** (M:tìuh)	隧道
	◇**hói-dái** ~ (cross harbour ~)	
	◇**gwo** ~ (cross a ~)	
turn	①(V)**jyun**	轉
	②(N)**dou...**	到…
	◇~ **néih** (your ~)	
	◇~ **bīn-go** (who's ~?)	

◇lèuhn-láu (take ~ to)

turn off	**sīk; sāan**	熄；閂
turn on	**hōi**	開
twins	(boy)**mā-jái**;(girl)**mā-néui**	孖仔；孖女
	(M:deui)	
twin bedroom	**sēung-yàhn-fóng** (M:gāan)	雙人房
twist	**níng; náu**	擰；扭
type	①(N)**júng-leuih** ②(V)**dá jih**	種類，打字
typewriter	**dá-jih-gēi** (M:ga; bouh)	打字機
typhoon	(formal) **tòih-fūng**	颱風
	◇**dá fūng** (there is a ~)	
typhoon signal	**fūng-kàuh** ◇gwa baat houh	風球
	~ (~ signal no. 8 is hoisted)	
typical	**dín-yìhng**	典型
tyre	**(chē)-tāai** (M:tìuh)	車呔

U

ugly	**cháu-(yéung)**	醜樣
ultimate	**jyú-yiu**	主要
umbrella	**jē** (M:bá)	遮
	◇**dāam** ~ (hold an ~)	
	◇**sūk-gwāt-~** (folding ~)	
unceasingly	**bāt-dyuhn**	不斷
uncertain	**m̀h-háng-dihng**	唔肯定
unconditional	**mòuh tìuh-gín**	無條件
unconscious	**fān-màih;**	昏迷；
	bāt-síng-yàhn-sih	不醒人事
under	**hái... hah-bihn**	喺…下邊
undergraduate	**daaih-hohk-sāang**	大學生
underground	**deih-hah**	地下
underground railways	**deih-tit**	地鐵
underline	**gaan**	間
undermine	**muht-saat**	抹殺

underneath	**hái...hah-bihn**	喺…下邊
undertake	**dāam-yahm**	擔任
underwear	**dái-sāam-fu;**	底衫褲；
	noih-yī-fu	內衣褲
undress	**chèuih sāam**	除衫
uneasy	**m̀h-syū-fuhk;**	唔舒服；
	bāt-ōn	不安
unemployment	**sāt-yihp**	失業
unforgetable	**nàahn-mòhng**	難忘
unfortunate	**bāt-hahng**	不幸
uniform	**jai-fuhk** (M:tou; gihn)	制服
unintentionally	**m̀h-gok-yi**	唔覺意
unit	**dāan-wái**	單位
unite	**tyùhn-git**	團結
universal	**póu-pin**	普遍
university	**daaih-hohk** (M:gāan)	大學
unknowingly	**bāt-jī-bāt-gok**	不知不覺
unless	**chèuih-fēi**	除非
unlikely	**móuh māt hó-nàhng**	冇乜可能
unmanageable	**gáau-m̀h-dihm**	攪唔掂
unreasonable	**m̀h-hahp-léih;**	唔合理；
	móuh douh-léih	冇道理
untie	**gáai-hōi**	解開
until	**ji...; dou...;**	至…；到…；
	ji-dou...	至到…
until now	**dou muhk-chìhn wàih jí**	到目前為止
unusual	**m̀h-chàhm-sèuhng**	唔尋常
update	(Adj)**sān;** (colloq)**āp-dēi**	新：□□
upright	(stand)**kéih-jihk;**	企直；
	duhng-héi	棟起
upset	**sām-fàahn**	心煩
upstairs	**làuh-seuhng**	樓上
upside-down	**dou-jyun**	倒轉
upward	**heung seuhng**	向上
urban area	**síh-kēui**	市區
urge	**chēui**	催

urgent	**gón; gán-gāp**	趕；緊急
urine	**niuh** ◇(colloq)**ō ~**	尿；
	(urinate); **síu-bihn**	小便
US dollar	**méih-gām**	美金
usage	**yuhng-faat**	用法
use	①(V) **yuhng**	用
	②(N) **yuhng-tòuh**	用途
used up	**yuhng-saai**	用晒
used to	①(**jaahp**)-**gwaan-jó**	習慣咗
	②(past)**yíh-chìhn sìh-sìh...**	以前時時…
useful	**yáuh-yuhng**	有用
useless	**móuh-yuhng**	冇用
usual	**pìhng-sèuhng; póu-tūng**	平常；普通
usually	①**pìhng-sìh** ②(generally)	平時
	yāt-būn-làih-góng	一般嚟講
utmost	**gihk-dyūn**	極端
utter	**chēut-sēng** ◇**m̀h-gám ~**	出聲
	(dare not to ~ a word)	

V

vacancy	**hūng-kyut** (M:go)	空缺
vacation	**ga-kèih** ◇**fong ga** (on ~)	假期
vacuum	**jān-hūng**	真空
vacuum cleaner	**kāp-chàhn-gēi** (M:go)	吸塵機
vain	(in ~)**móuh haauh**	冇效
Valentine's Day	**Chìhng-yàhn-jit**	情人節
valid	**yáuh haauh**	有效
valuable	**jihk chín;**	值錢；
	yáuh ga-jihk	有價值
value	**ga-jihk**	價值
van	**fō-wēn;**	貨 van；
	haak-fo-chē (M:ga)	客貨車

vanish	**sīu-sāt**	消失
vanity	**hēui-wìhng-(sām)**	虛榮（心）
variation	**bin-fa** (M:júng)	變化
various	**gok-sīk-gok-yeuhng;**	各式各樣；
	m̀h-tùhng	唔同
vase	**fā-jēun** (M:go)	花樽
vegetable	① **choi**	菜
	② (person) **jihk-maht-yàhn**	植物人
vegetarian	**sou-sihk-jé**	素食者
vehicle	**gāau-tūng gūng-geuih**	交通工具
veil	**mihn-sā**	面紗
velcro	**mō-seuht-tip**	魔術貼
velvet	**sī-yúng**	絲絨
version	**báan-bún** (M:go)	版本
versus	**…deui…**	…對…
vertical	**dá-duhng; dá-jihk**	打棟；打直
very	**hóu; fēi-sèuhng**	好；非常
vest	**bui-sām** (M:gihn)	背心
vibrate	**jan-(duhng)**	震（動）
victim	**sauh-hoih-yàhn**	受害人
victory	**sing-leih**	勝利
video camera	**sip-luhk-gēi** (M:go)	攝錄機
video cassette recorder	**luhk-yíng-gēi** (M:go)	錄影機
video tapes	**luhk-yíng-dáai** (M:béng)	錄影帶
Vietnam	**Yuht-nàahm**	越南
view	① **tái-faat**	睇法
	② (outlook) **fūng-gíng**	風景
village	**chyūn** (M:tìuh)	村
vinegar	**chou** (M:jī)	醋
violate	**wàih-fáan; chām-hoih**	違反；侵害
violence	**bouh-lihk**	暴力
violin	**síu-tàih-kàhm** (M:go)	小提琴
	◇**lāai ~** (play ~)	
virtue	**méih-dāk**	美德
virus	**behng-duhk**	病毒

visa	**chīm-jing** (M:go)	簽證
	◇ló ~ (get a ~)	
visable	**tái-dóu** ◇tái-mh-dóu;	睇倒
	yán-yìhng (in~)	
visit	**wán**; (place)**chāam-gwūn**;	搵；參觀；
	(person)**taam**	探
visitor	**yàhn-haak**;	人客；
	(formal)**fóng-haak**	訪客
vitamin	**wàih-tā-mihng**	維他命
vivid	**sīn-mìhng**	鮮明
vocabulary	**chìh-wuih**	詞彙
voice	**sēng** (M:bá)	聲
volley ball	**pàaih-kàuh**	排球
	◇dá ~ (play ~)	
voltage	**dihn-ngaat**	電壓
volume	①**yùhng-leuhng**	容量
	②(sound)**sēng; sīng-leuhng**	聲；聲量
voluntary	**jih-yuhn**	自願
volunteer	**yih-gūng** ◇jouh ~ (be a ~)	義工
vomit	**áu**	嘔
voucher	**sāu-geui** (M:jēung)	收據
vulgar	**chōu-juhk**	粗俗
vulnerable	**cheui-yeuhk**	脆弱

W

wage	**yàhn-gūng**	人工
waist	**yīu** (M:tìuh)	腰
waist coat	**bui-sām** (M:gihn)	背心
	◇jeuk ~ (wear ~)	
wait	**dáng**	等
wait a moment	**dáng jahn; dáng dáng**	等陣；等等
waiter,	(colloq) **fó-gei**;	伙計；
waitress	(formal)**sih-ying**	侍應
wake up	**séng** ◇giu ~ kéuih	醒

	(wake him/her up)	
walk	**hàahng; hàahng louh**	行；行路
	◇saan bouh (take a ~)	
wall	**chèuhng** (M:buhng)	牆
wallet	**ngàhn-bāau** (M:go)	銀包
wander around	**sei-wàih hàahng-háh**	四圍行吓
want	**(séung) yiu**	想要
war	**jin-jāng** ◇dá jeung (at ~)	戰爭
ward	(hospital)**behng-fóng** (M:go)	病房
wardrobe	**yī-gwaih** (M:go)	衣櫃
warehouse	**fo-chōng** (M:go)	貨倉
	◇báai hái ~ (store in ~)	
warm	**nyúhn**	暖
warn, warning	**gíng-gou**	警告
wash	**sái**	洗
wash basin	**(sái)-mihn-pún** (M:go)	洗面盆
washing machine	**sái-yī-gēi** (M:ga)	洗衣機
waste	**sāai** ◇~-saai (what a ~!)	嘥
	◇~ sìh-gaan (~ of time)	
watch	①(N)**(sáu)-bīu** (M:jek)	手錶
	◇daai ~ (wear a ~)	
	②(V)**tái** ◇~-jyuh (~ out!)	睇
water	**séui**	水
water bill	**séui-fai-dāan** (M:jēung)	水費單
water heater	**yiht-séui-lòuh** (M:go)	熱水爐
water skiing	**waaht-séui**	滑水
water tank	**séui-sēung** (M:go)	水箱
water-colour	**séui-chói**	水彩
waterfall	**buhk-bou** (M:go)	瀑布
watermelon	**sāi-gwā** (M:go)	西瓜
waterproof	**fòhng-séui**	防水
watery	**hēi; séui-wōng-wōng; séui-lèhl-lèhl**	稀；水汪汪；水溜溜
wave	①**lohng** ②(shape)**bō-lohng**	浪，波浪

wax	**laahp**	蠟
way	①**louh** (M:tìuh)	路
	◇yeuhng ~ (give ~)	
	②(method)**baahn-faat**	辦法
	(M:go)	
weak	①**yeuhk**	弱
	②(character)**yúhn-yeuhk**	軟弱
weakness	**yeuhk-dím**	弱點
weapon	**móuh-hei** (M:gihn)	武器
wear	①(clothes)**jeuk** ②**daai**	着，戴
weather	**tīn-hei**	天氣
	◇~ yuh-chāak (~ forecast)	
	◇~ bou-gou (~ report)	
wedding	**git-fān-jáu**	結婚酒
banquet	◇báai ~ (hold a ~)	
	◇heui yám (go to a ~)	
wedding	**fān-láih** (M:go)	婚禮
ceremony	◇géui-hàhng ~ (hold a ~)	
wedding dress	**fān-sā** (M:gihn)	婚紗
week	**sīng-kèih; láih-baai** (M:go)	星期；禮拜
weep	**haam**	喊
weigh	(pound)**bohng**; (scale)**ching**	磅；秤
weight	**chúhng-leuhng**	重量
weird	(**kèih**)-**gwaai**;	奇怪；
	m̀h-jih-yìhn	唔自然
welcome	**fūn-yìhng**	歡迎
welfare	**fūk-leih**	福利
	◇séh-wúi ~ (social ~)	
well done	**jouh-dāk hóu hóu**	做得好好
well known	**chēut-méng**	出名
west	**sāi-bihn**	西邊
western food	**sāi-chāan**	西餐
western style	**sāi-sīk**	西式
westerner	(formal)**sāi-yàhn**;	西人；
	(colloq)**gwái-lóu**	鬼佬
wet	**sāp**;(by sth) **jíng sāp**	濕；整濕

wharf	**máh-tàuh** (M:go)	碼頭
what	**māt-yéh; mē-(yéh)**	乜嘢；咩嘢
wheat	**mahk**	麥
wheat bread	**maht-bāau** (M:faai)	麥飽
wheel	**lūk** (M:go)	轆
wheel-chair	**lèuhn-yí** (M:jēung)	輪椅
when	①**géi-sìh**	幾時
	②(at the time)**gó-jahn-(sìh)**;	嗰陣時；
	...**ge sìh-hauh**	…嘅時候
whenever	**yāt...jauh...**	一…就…
where	**bīn-(douh)**	邊度
whether	**dihng-haih**	定係
which	**bīn + M** ◇~ **dá ~ (~ is ~)**	邊
while	...**gó-jahn...**;	…嗰陣…；
	...**ge sìh-hauh...**	…嘅時候…
whistle	①(VO)**chēui háu-saau**	吹口哨
	②(N)**bī-bī** (M:go)	BB
white	**baahk-(sīk)**	白色
who	**bīn-go**	邊個
whole	**chyùhn + M + N;**	全；
	sèhng + M +N	成
wholeheartedly	**chyùhn-sām-chyùhn-yi**	全心全意
wholesale	**pāi-faat** ◇~**-sēung (~r)**	批發
why	**dím-gáai**	點解
wicked	**sēui**	衰
wide	**fut** ◇~**-douh (width)**	濶
wife	**taai-táai; (colloq)lóuh-pòh**	太太；老婆
wig	**gá-faat** (M:go)	假髮
	◇**daai/lāp ~ (wear a ~)**	
wild	**yéh-sāng**	野生
will	①(V)**wúih** ②(N)**yi-ji**	會，意志
	◇~ **gīn-kèuhng (have a**	
	strong ~); yi-yuhn	意願
willing to	**yuhn-yi**	願意
win	**yèhng**	贏
wind	**fūng** (M:jahm)	風

wind up	**séuhng lín**	上鍊
window	**chēung** (M:jek) ◇hōi ~ (open ~) ◇sāan ~ (close ~)	窗
window frame	**chēung-kwāang** (M:go)	窗框
windsurfing	**waaht-lohng-fūng-fàahn**	滑浪風帆
windy	**daaih-fūng**	大風
wine	**jáu; chāan-jáu** ◇hùhng-~ (red ~) ◇baahk ~ (white ~)	酒；餐酒
wink	**jáam ngáahn**	眨眼
winter	**dūng-tīn; tīn-láahng**	冬天；天冷
wipe	**maat**	抹
wire	**dihn-sin** (M:tìuh) ◇mòuh sin (~less)	電線
wisdom	**ji-wai** ◇chūng-múhn ~ (full of ~)	智慧
wise	**chūng-mìhng; mìhng-ji**	聰明；明智
wish	①**hēi-mohng** ②**yuhn-mohng** ◇héui yuhn (make a ~)	希望 願望
wish to	**séung** + V; **hēi-mohng** + V	想；希望
wit	**gēi-ji**	機智
with	**tùhng-(màaih)...yāt-chàih**	同埋…一齊
withdraw	①(bank)**ló chín** ②**teui-chēut; hei-kyùhn**	攞錢 退出；棄權
within	**...jī-noih**	…之內
without	**móuh**	冇
witness	**jing-yàhn**	證人
woman	**néuih-yán; fúh-néuih**	女人；婦女
wonder	**nám** ◇m̀h-gwaai-dāk (no ~)	諗
wonderful	**jeng; méih-miuh**	正；美妙
wood	**muhk**	木
woods	**syuh-làhm** (M:go)	樹林
wool	①(yarn)**lāang** (M:gauh) ②(material)**yèuhng-mòuh** ③(fabric)**yúng**	冷 羊毛 絨
word	**jih** (M:go)	字

work	**jouh yéh**	做嘢
	◇**fāan gūng** (go to ~)	
work as	**jouh**	做
work hard	①(Adj)**kàhn-lihk**	勤力
	②(Adj/A)**nóuh-lihk**	努力
workshop	**gūng-chèuhng** (M:go)	工場
world	**sai-gaai**	世界
worm	**chùhng** (M:tìuh)	蟲
worry	**dāam-sām** ◇~ (~ about);	擔心；
	(N)**fàahn-nóuh**	煩惱
worse	**juhng sēui; juhng chā**	仲衰；仲差
worthless	**móuh yi-sī**	冇意思
worthwhile	**jihk-dāk**	值得
wound	**sēung-háu**	傷口
wounded	**sauh-(jó) sēung**	受咗傷
wrap	**bāau** ◇~ leng kéuih	包
	(~ it nicely)	
wrestling	**sēut-gok**	摔角
wrinkle	**jau-màhn** (M:tìuh)	皺紋
wrist	**sáu-wún** (M:go)	手腕
write	**sé** ◇~-dāi (~ down)	寫
writer	**jok-gā**	作家
written	**bāt-si** ◇háau ~ (take ~)	筆試
examination		
wrong	**cho**; (formal)**cho-ngh**	錯；錯誤
wrong number	(phone)**dá cho**	打錯

Y

yawn	**dá haam-louh**	打喊怒
year	**nìhn** ◇~-méih (end of a ~)	年
yell	**aai**	嗌
yellow	**wòhng-(sīk)**	黃色
yesterday	**kàhm-yaht; chàhm-yaht**	琴日；噚日
yet	**meih** + V	未

yoga	**yùh-gā** ◇lihn ~ (practise ~)	瑜珈
you	①**néih**	你
	②(plural)**néih-deih**	你哋
young	**hauh-sāang** ◇~-jái (~ people)	後生
youth	①**chīng-chēun**	青春
	②**chīng-nìhn**	青年
youth hostel	**chīng-nìhn léuih-se**	青年旅舍

Z

zebra crossing	**bāan-mán-sin** (M:tìuh)	斑馬線
zero	**lìhng**	零
zigzag	**jī-jih-yìhng;** **geu-chí-yìhng**	之字形： 鋸齒形
zipper	**lāai-lín** ◇lāai ~ (fasten ~)	拉鍊
zone	**deih-daai** (M:go)	地帶
zoo	**duhng-maht-yùhn** (M:go)	動物園

Appendices

Appendices

1. Number

1	**yāt**	一
2	**yih**	二
3	**sāam**	三
4	**sei**	四
5	**nǵh; ḿh**	五
6	**luhk**	六
7	**chāt**	七
8	**baat**	八
9	**gáu**	九
10	**sahp**	十
11	**sahp-yāt**	十一
12	**sahp-yih**	十二
13	**sahp-sāam**	十三
14	**sahp-sei**	十四
15	**sahp-nǵh**	十五
16	**sahp-luhk**	十六
17	**sahp-chāt**	十七
18	**sahp-baat**	十八
19	**sahp-gáu**	十九
20	**yih-sahp**	二十
21	**yih-sahp yāt;** **yah yāt**	二十一 廿一
30	**sāam-sahp**	三十
31	**sāam-sahp yāt;** **sā-ah yāt**	三十一 卅一
40	**sei-sahp**	四十
41	**sei-sahp yāt;** **sei-ah yāt**	四十一
50	**nǵh-sahp**	五十
51	**nǵh-sahp yāt;** **nǵh-ah yāt**	五十一
60	**luhk-sahp**	六十
61	**luhk-sahp yāt;** **luhk-ah yāt**	六十一

70	chāt-sahp	七十
71	chāt-sahp yāt;	七十一
	chāt-ah yāt	
80	baat-sahp	八十
81	baat-sahp yāt;	八十一
	baat-ah yāt	
90	gáu-sahp	九十
91	gáu-sahp yāt;	九十一
	gáu-ah yāt	
100	yāt-baak	一百
101	yāt-baak lìhng yāt	一百零一
110	(yāt)-baak yāt-(sahp)	(一)百一(十)
111	yāt-baak yāt-sahp yāt	一百一十一
120	(yāt)-baak yih-(sahp)	(一)百二(十)
121	yāt-baak yih-sahp yāt;	一百二十一;
	yāt-baak yah yāt	一百廿一
1000	yāt-chīn	一千
1001	yāt-chīn lìhng yāt	一千零一
1100	(yāt)-chīn yāt-(baak)	(一)千一(百)
9999	gáu chīn gáu baak gáu sahp gáu	九千九百九十九
10000	yāt-maahn	一萬

2. Money

10¢	yāt-hòuh-(jí)	一毫(子)
20¢	léuhng-hòuh-(jí)	兩毫(子)
50¢	ńgh-hòuh-(jí)	五毫(子)
$1	yāt māan	一蚊
$2	léuhng māan	兩蚊
$10	sahp māan	十蚊
$100	yāt-baak māan	一百蚊

$1000	**yāt-chīn mān**	一千蚊
$1.1	**go yāt**	個一
$1.2	**go yih**	個二
$1.5	**go bun**	個半
$1.9	**go gáu**	個九
$2.1	**léuhng go yāt**	兩個一
$2.2	**léuhng go yih**	兩個二
$2.5	**léuhng go bun**	兩個半
$3.1	**sāam go yāt**	三個一
$3.2	**sāam go yih**	三個二
$3.5	**sāam go bun**	三個半
$10.1	**sahp go lìhng yāt**	十個零一
$10.2	**sahp go lìhng yih**	十個零二
$10.5	**sahp go lìhng ńgh**	十個零五
$20.1	**yih-sahp go lìhng yāt**	二十個零一
$24.5	**yih-sahp sei go bun**;	二十四個半；
	yah sei go bun	廿四個半
$999.9	**gáu baak gáu sahp**	九百九十九
	gáu go gáu	個九

3. Time

day before yesterday	**chìhn-yaht**	前日
yesterday	**kàhm-yaht**;	琴日；
	chàhn-yaht	噚日
today	**gām-yaht**	今日
tomorrow	**tīng-yaht**	聽日
day after tomorrow	**hauh-yaht**	後日
morning (4:00-9:00)	**jīu-jóu**	朝早
◇yesterday morning	**kàhm-yaht-jīu**;	琴日朝；
	chàhn-yaht-jīu	噚日朝
◇this morning	**gām-jīu**	今朝
◇tomorrow morning	**tīng-jīu**	聽朝

forenoon (10:00-12:00)	**seuhng-jau**	上晝
noon (12:00-13:00)	**jūng-ńgh**	中午
afternoon (14:00-18:00)	**aan-jau**; **hah-jau**	晏晝；下晝
night (19:00-3:00)	**yeh-máahn**	夜晚
◇last night	**kàhm-máahn**; **chàhm-máahn**	琴晚；噚晚
◇tonight	**gām-máahn**; **gām-māan**	今晚
◇tomorrow evening	**tīng-máahn**; **tīng-māan**	聽晚
1:00	**yā-dím**	一點
2:00	**léuhng-dím**	兩點
3:00	**sāam-dím**	三點
4:00	**sei-dím**	四點
5:00	**ńgh-dím**	五點
6:00	**luhk-dím**	六點
7:00	**chāt-dím**	七點
8:00	**baat-dím**	八點
9:00	**gáu-dím**	九點
10:00	**sahp-dím**	十點
11:00	**sahp-yāt-dím**	十一點
12:00	**sahp-yih-dím**	十二點
2:05	**léuhng-dím yāt**	兩點一
2:10	**léuhng-dím yih**	兩點二
2:15	**léuhng-dím sāam**	兩點三
2:20	**léuhng-dím sei**	兩點四
2:25	**léuhng-dím ńgh**	兩點五
2:30	**léuhng-dím bun**	兩點半
2:35	**léuhng-dím chāt**	兩點七
2:40	**léuhng-dím baat**	兩點八
2:45	**léuhng-dím gáu**	兩點九
2:50	**léuhng-dím sahp**	兩點十
2:55	**léuhng-dím sahp-yāt**	兩點十一
which year?	**bīn-nìhn**	邊年

Year 1997	**yāt gáu gáu chāt nìhn**	一九九七年
Year 2000	**yih lìhng lìhng lìhng nìhn; yih chīn nìhn**	二〇〇〇年；二千年
how many years?	**géi-dō nìhn**	幾多年？
100 years	**yāt-baak nìhn**	一百年
year before last	**chìhn-nín**	前年
last year	**gauh-nín; seuhng-nín**	舊年；上年
this year	**gām-nín; gām-nìhn**	今年
next year	**chēut-nín; hah-nín**	出年；下年
year after next	**hauh-nín**	後年
which month?	**géi-dō yuht; bīn-go yuht**	幾多月？邊個月？
January	**yāt-yuht**	一月
February	**yih-yuht**	二月
March	**sāam-yuht**	三月
April	**sei-yuht**	四月
May	**ńgh-yuht**	五月
June	**luhk-yuht**	六月
July	**chāt-yuht**	七月
August	**baat-yuht**	八月
September	**gáu-yuht**	九月
October	**sahp-yuht**	十月
November	**sahp-yāt-yuht**	十一月
December	**sahp-yih-yuht**	十二月
last month	**seuhng-go yuht**	上個月
this month	**nī-go yuht; gām-go yuht**	呢個月；今個月
next month	**hah-go yuht**	下個月
what date?	**géi-dō houh**	幾多號
1st January	**yāt-yuht yāt-houh**	一月一號
which day of the week?	**sīng-kèih-géi; láih-baai-géi**	星期幾；禮拜幾
Monday	**sīng-kèih-yāt; láih-baai-yāt**	星期一；禮拜一

Tuesday	**sīng-kèih-yih;**	星期二；
	láih-baai-yih	禮拜二
Wednesday	**sīng-kèih-sāam;**	星期三；
	láih-baai-sāam	禮拜三
Thursday	**sīng-kèih-sei;**	星期四；
	láih-baai-sei	禮拜四
Friday	**sīng-kèih- ńgh;**	星期五；
	láih-baai- ńgh	禮拜五
Saturday	**sīng-kèih-luhk;**	星期六；
	láih-baai-luhk	禮拜六
Sunday	**sīng-kèih-yaht;**	星期日；
	láih-baai-(yaht)	禮拜（日）
last week	**seuhng-go sīng-kèih;**	上個星期；
	seuhng-go láih-baai	上個禮拜
this week	**nī-go sīng-kèih;**	呢個星期；
	nī-go láih-baai;	呢個禮拜；
	gām-go sīng-kèih;	今個星期；
	gām-go láih-baai	今個禮拜
next week	**hah-go sīng-kèih;**	下個星期；
	hah-go láih-baai	下個禮拜
how many weeks?	**géi-dō go sīng-kèih;**	幾多個星期；
	géi-dō fo láih-baai	幾多個禮拜

4. Chinese Regional Cuisine

4.1 Dim Sum

Salty, Steamed

BBQ pork bun	**chā-sīu-bāau**	叉燒飽
Bean curd roll	**sīn-jūk-gyún**	鮮竹卷
Beef ball	**sāan-jūk ngàuh-yuhk**	山竹牛肉
Beef dumpling	**gōn-jīng ngàuh-yuhk**	干蒸牛肉
Beef tripe w. black bean and chilli	**ngàuh-baak-yihp**	牛栢葉
Braised chicken feet	**fuhng-jáau**	鳳爪

Chicken and assorted meat roll	**gāi-jaat**	雞扎
Chicken w. ham, BBQ pork, etc.	**mìhn-fā-gāi**	綿花雞
Chiu Chow mix dumpling	**chìuh-jāu fán-gwó**	潮州粉果
Dace ball	**lèhng-yùh-kàuh**	鯪魚球
Duck's web in oyster sauce	**ngaap-geuk-jaat**	鴨腳扎
Fried rice in lotus leaf	**hòh-yihp-faahn**	荷葉飯
Glutinous rice dumpling w. chicken filling	(mini) **jān-jyū-gāi** (large) **loh-máih-gāi**	珍珠雞 糯米雞
Oriental raddish cake	**lòh-baahk-gōu**	蘿蔔糕
Pork chop w. black bean	**sih-jāp-pàaih-gwāt**	豉汁排骨
Pork dumpling	**sīu-máai**	燒賣
Rice roll	**chéung-fán**	腸粉
◇BBQ pork rice roll	**chā-sīu-chéung**	叉燒腸
◇Beef rice roll	**ngàuh-yuhk-chéung**	牛肉腸
◇Shrimp rice roll	**hā-chéung**	蝦腸
Shanghai meat dumpling	**síu-lùhng-bāau**	小籠飽
Shark's fin dumpling	**yùh-chi-gáau**	魚翅餃
Shrimp dumpling	**hā-gáau**	蝦餃
Shrimp and bamboo shoot dumpling	**fán-gwó**	粉果
Soup dumpling	**gun-tōng-gáau**	灌湯餃
Squid w. black pepper sauce	**hāak-jīu sīn-yáu**	黑椒鮮魷
Squid w. salty shrimp sauce	**hā-jeung sīn-yáu**	蝦醬鮮魷
Stewed beef tripe w. Chu-Hou sauce	**chyúh-hàuh ngàuh-jaahp**	柱侯牛什

Salty, Fried or Baked

BBQ pork pie	**chā-sīu-sōu**	叉燒酥
Bean curd sheet roll	**fuh-pèih-gyún**	腐皮卷
Deep-fried mix dumpling	**hàahm-séui-gok**	咸水角
Fried rice roll	**jīn chéung-fán**	煎腸粉
Fried oriental raddish cake	**jīn lòh-baahk-gōu**	煎蘿蔔糕
Fried stuffed eggplant	**jīn yeuhng ngái-gwā**	煎釀矮瓜
Fried stuffed pepper	**jīn yeuhng chēng-jīu**	煎釀青椒
Fried taro cake	**jīn wuh-táu-gōu**	煎芋頭糕
Mashed taro dumpling	**wuh-gok**	芋角
Spring roll	**chēun-gyún**	春卷
Shrimp dumpling served w. dressing	**sā-léut-hā-gok**	沙律蝦角

Sweet, Steamed and Pudding

Coconut milk pudding	**yèh-jāp-gōu**	椰汁糕
Malaysian sponge cake	**máh-lāai-gōu**	馬拉糕
Red bean pudding	**hùhng-dáu-gōu**	紅豆糕
Steamed custard bun	**náaih-wòhng-bāau**	奶皇包
Steamed ground lotus seed bun	**lìhn-yùhng-bāau**	蓮蓉包
Steamed ground sesame & peanut bun	**màh-yùhng-bāau**	蔴蓉包

Sweet, Fried or Baked

Custard tart	**daahn-tāat**	蛋撻
Fried custard bun	**ja náaih-wòhng-bāau**	炸奶皇包
Fried New Year cake	**jīn nìhn-gōu**	煎年糕
Fried water chestnut cake	**jīn máh-tàih-gōu**	煎馬蹄糕
Durian pastry	**làuh-lìhn-sōu**	榴槤酥

4.2 Dessert

Almond sweet soup (w. lotus seed)	**(lìhn-jí) hahng-yàhn-louh**	（蓮子）杏仁露
Beancurd dessert	**dauh-fuh-fā**	豆腐花
Beancurd, gingko & egg sweet soup	**fuh-jūk baahk-gwó gāi-dáan tòhng-séui**	腐竹白果雞蛋糖水
Bird's nest in almond sweet soup	**hahng-jāp dahn gūn-yin**	杏汁燉官燕
Bird's nest in coconut sweet soup	**yèh-jāp dahn gūn-yin**	椰汁燉官燕
Black glutinous rice w. coconut milk	**yèh-jāp hāk-noh-máih**	椰汁黑糯米
Black sesame sweet soup	**jī-màh-wú**	芝麻糊
Custard tart	**daahn-tāat**	蛋撻
Fruit plate	**sāang-gwó pīng-pún**	生果拼盤
Green bean sweet soup	**luhk-dáu-sā**	綠豆沙
Herbal jelly w. fruit	**jaahp-gwó lèuhng-fán**	雜果涼粉
Mango juice w. sago	**mōng-gwó sāi-máih-lōu**	芒果西米撈
Mango pancake	**mōng-gwó bāan-gīk**	芒果班戟
Mango pudding	**mōng-gwó bou-dīn**	芒果布甸
Mango juice with sago & pomelo	**yèuhng-jī-gām-louh**	楊枝甘露
Mixed beans w. coconut milk sweet soup	**jā-jàh**	喳咋
Coconut mochi w. red bean filling	**noh-máih-chìh**	糯米糍
Papaya & silver woodear mushroom sweet soup	**syut-yíh dahn muhk-gwā**	雪耳燉木瓜

Peanut sweet soup	**fā-sāng-wú**	花生糊
Red bean sweet soup	**hùhng-dáu-sā**	紅豆沙
Sago w. coconut milk	**yèh-jāp sāi-máih-louh**	椰汁西米露
Sago w. coconut milk & honeydew melon	**maht-gwā sāi-máih-louh**	蜜瓜西米露
Sago w. coconut milk & taro	**wuh-táu sāi-máih-louh**	芋頭西米露
Steamed egg w. rock sugar	**dahn-dáan**	燉蛋
Steamed milk w. egg white	**dahn náaih**	燉奶
Walnut sweet soup	**hahp-tòuh-louh**	合桃露
Wheat and peanut sweet soup	**fā-sāng mahk-máih jūk**	花生麥米粥

4.3 Cantonese Cuisine

Soup

Conpoy & seafood soup	**yìuh-chyúh hói-wòhng gāng**	瑤柱海皇羹
Minced beef & egg white soup	**Sāi-wùh ngàuh-yuhk gāng**	西湖牛肉羹
Shark's fin soup w. shredded chicken	**gāi-sī chi**	雞絲翅
Shark's fin soup w. vegetables	**choi-dáam chi**	菜膽翅
Snake soup (winter)	**sèh-gàng**	蛇羹
Soup of the day	**laih-tōng**	例湯
Sweet corn & crab meat soup	**háaih-yuhk sūk-máih gāng**	蟹肉粟米羹
Sweet corn & minced chicken soup	**gāi-yùhng sūk-máih gāng**	雞茸粟米羹
Winter melon pond (summer)	**dūng-gwā-jūng**	冬瓜盅

Starter

Assorted barbecued meat	**sīu-méi pīng-pún**	燒味拼盤
Barbecued goose	**sīu-ngó**	燒鵝
Drunken shrimp	**jeui-yūng-hā**	醉翁蝦
Lobster braised w. chicken soup	**seuhng-tōng guhk lùhng-hā**	上湯焗龍蝦
Lobster sashimi	**lùhng-hā chi-sān**	龍蝦刺身
Roast pigeon	**sīu yúh-gaap**	燒乳鴿
Roast suckling pig & assorted barbecued meat	**yúh-jyū pīng-pún**	乳豬拼盤
Steamed shrimp	**baahk-cheuk-hā**	白灼蝦
Steamed shrimp w. garlic paste	**syun-yùhng hā**	蒜茸蝦

Poultry

Fried chicken	**ja-jí-gāi**	炸子雞
Pan-fried lemon duck/chicken	**sāi-líng yúhn ngaap/gāi**	西檸軟鴨 / 雞
Sauteed diced chicken w. cashewnuts	**yīu-gwó gāi-dīng**	腰果雞丁
Steamed guifei chicken	**gwai-fēi-gāi**	貴妃雞

Beef & Pork

Sweet & sour pork	**gū-lōu-yuhk; sāang-cháau pàaih-gwāt**	咕嚕肉；生炒排骨
Sweet & sour steak	**jūng-sīk ngàuh-láuh**	中式牛柳

Seafood

Braised garoupa fillet	**mān bāan-láahm**	炆班腩
Deep-fried crab claws	**ja háaih-kìhm**	炸蟹箝

Deep-fried fish w. pepper salt	**jīu-yìhm gáu-tóuh-yú**	椒鹽九肚魚
Deep-fried prawn w. pepper salt	**jīu-yìhm hā**	椒鹽蝦
Deep-fried seafood roll	**hói-sīn-gyún**	海鮮卷
Deep-fried squid w. pepper salt	**jīu-yìhm sīn-yáu**	椒鹽鮮魷
Sauteed broccoli w. scallop	**sāi-làahn-fā cháau daai-jí**	西蘭花炒帶子
Steamed garoupa	**chīng-jīng sehk-bāan**	清蒸石斑

Vegetables

Beancurd w. salty fish & diced chicken hot pot	**hàahm-yùh gāi-nāp dauh-fuh bōu**	鹹魚雞粒豆腐煲
Buddha's Delight	**lòh-hon-jāai**	羅漢齋
Deep-fried bean curd w. pepper salt	**jīu-yìhm dauh-fuh**	椒鹽豆腐
Eggplant in hot pot	**yùh-hēung ké-jí bōu**	魚香茄子煲
Mixed vegetables & conpoy hot pot	**yìuh-chyúh jaahp-choi bōu**	瑤柱雜菜煲
Sauteed pak choi w. garlic paste	**syun-yùhng baahk-choi-jái**	蒜茸白菜仔
Sauteed asparagus	**chīng-cháau sīn-louh-séun**	清炒鮮蘆筍
Sauteed pea shoots	**chīng cháau dauh-mìuh**	清炒豆苗
Sauteed pea shoots w. crabmeat	**háaih-yuhk pàh dauh-mìuh**	蟹肉扒豆苗
Sauteed straw mushroom w. crabmeat	**háaih-yuhk pàh sīn-gū**	蟹肉扒鮮菇
Sauteed water spinach w. chilli	**jīu-sī fuh-yúh tūng-choi**	椒絲腐乳通菜

& preserved bean curd sauce		
Steamed bean curd w. Chinese ham & Shitake mushroom	**yuhk-syuh kèih-lèuhn dauh-fuh**	玉樹麒麟豆腐

Rice and Noodles

Braised E-Fu noodles w. mushroom	**gōn-sīu yī-mihn**	干燒伊麵
Crispy noodles w. shredded pork	**yuhk-sī cháau mihn**	肉絲炒麵
E-Fu noodles in soup w. crabmeat	**háaih-yuhk yī-mihn**	蟹肉伊麵
Fried rice in Canton style	**yèuhng-jāu cháau-faahn**	揚州炒飯
Fried rice in Fu-Jian style	**fūk-gin cháau-faahn**	福建炒飯
Fried rice w. salty fish & diced chicken	**hàahm-yùh gāi-nāp cháau-faahn**	鹹魚雞粒炒飯
Fried rice w. tomato & white sauce topping	**yūn-yēung-faahn**	鴛鴦飯
Fried vermicelli w. curry powder	**sīng-jāu cháau-máih**	星州炒米
Fried rice noodles w. assorted meat	**sāam sī cháau-laaih**	三絲炒瀨
Fried rice noodles w. sliced beef	**gōn cháau ngàuh hó**	乾炒牛河
Fried rice noodles w. sliced beef, black bean and pepper	**sih-jīu ngàuh hó**	豉椒牛河
Vermicelli in soup w. shredded roast duck & preserved cabbage	**syut-choi fó-ngaap-sī wō máih**	雪菜火鴨絲窩米

4.4 Chiuchow Cuisine

Starter

Chiu Chow platter	**chìuh-jāu pīng-pún**	潮州拼盤
Cold crab	**dung-háaih**	凍蟹
Soya marinated goose	**lóuh-séui-ngó**	鹵水鵝

Soup

Taichi vegetable & egg white soup	**taai-gihk sou-choi-gāng**	太極素菜羹
Shark's fin soup	**hùhng-sīu chi**	紅燒翅

Main dishes

Fried duckling w. mashed taro	**laih-yùhng hēung-sōu-ngaap**	荔茸香酥鴨
Oyster omelette	**jīn hòuh-béng**	煎蠔餅
Sauteed beef in satay sauce	**sa-dē ngàuh-yuhk**	沙爹牛肉
Sauteed chicken & fried perilla leaves	**chyūn-jīu gāi**	川椒雞
Sauteed preserved vegetables & pork	**chìuh-jāu síu-cháau**	潮州小炒
Steamed mullet w. dried lemon peel	**nìhng-mūng jīng wū-táu**	檸檬蒸烏頭
Steamed pomfret in black bean sauce	**sih-jāp jīng chōng-yú**	豉汁蒸鯧魚

Noodles & Congee

Oyster congee	**hòuh-jái jūk**	蠔仔粥
Chiu Chow fried noodles	**chìuh-jāu gōn-sīu yī-mihn**	潮州干燒伊麵
Pomfret congee	**chōng-yú jūk**	鯧魚粥

Dessert

Steamed sweet bun	**séui-jīng-bāau**	水晶包

| Steamed mashed taro & ginkgo | **baahk-gwó wuh-nàih** | 白果芋泥 |

4.5 Haakka Cuisine

Main Dishes

Fried garoupa w. sweet corn sauce	**sūk-máih bāan-faai**	粟米斑塊
Deep-fried milk	**ja sīn-náaih**	炸鮮奶
Deep-fried pork intestine	**ja daaih-chéung**	炸大腸
Stewed pork w. preserved cabbage	**mùih-choi kau-yuhk**	梅菜扣肉
Sauteed beef w. ginger & pineapple	**jí-lòh ngàuh-yuhk**	紫蘿牛肉
Steamed chicken	**yìhm-guhk-gāi**	鹽焗雞
Sweet & sour pork	**gū-lōu-yuhk; sāang-cháau pàaih-gwāt**	咕嚕肉 生炒排骨

4.6 Peking Cuisine

Main Dishes

Braised meat	**hùhng-sīu-yuhk**	紅燒肉
Chilli prawn	**gūng-bóu-mìhng-hā**	宮保明蝦
Instant-boiled mutton	**syun yèuhng-yuhk**	涮羊肉
Mixed shredded chicken salad in sesame sauce	**gāi-sī fán-pèih**	雞絲粉皮
Roast Beijing duck	**Bāk-gīng tìhn-ngaap**	北京填鴨
Sauteed beancurd w. sliced pork in home style	**gā-sèuhng dauh-fuh**	家常豆腐

Sauteed crabmeat w. egg white	**choi-pòhng-háaih**	賽螃蟹
Sauteed diced chicken w. hot pepper	**gūng-bóu gāi-dīng**	宮保雞丁
Sauteed diced chicken w. chilli pepper	**laaht-jí gāi-dīng**	辣子雞丁
Sauteed mutton w. spring onion	**chūng baau yèuhng-yuhk**	葱爆羊肉
Twice-cooked pork w. chilli seasoning	**wùih-wō-yuhk**	回鍋肉
Sweet & sour fish	**tòhng-chou-yú**	糖醋魚

Savoury and Noodles

Baked sesame seed cake	**sīu-béng**	燒餅
Boiled dumpling	**séui-gáau**	水餃
Fried bun	**ja maahn-tàuh**	炸饅頭
Fried dumpling	**wō-tip**	鍋貼
Fried hand-made noodles	**bāk-gīng sáu-lāai-mihn**	北京手拉麵
Pekinese noodles w. minced pork	**gīng-dōu ja-jeung-mihn**	京都榨醬麵
Spring onion cake	**chūng-yàuh-béng**	葱油餅
Steamed bun	**jīng maahn-tàuh**	蒸饅頭

Dessert

Fried red bean paste pancake	**dauh-sā wō-béng**	豆沙鍋餅
Red bean paste puff	**gōu-lihk dauh-sā**	高力豆沙
toffee apple	**baht-sī pìhng-gwó**	拔絲蘋果
toffee banana	**baht-sī hēung-jīu**	拔絲香蕉

4.7 Shanghai Cuisine

Soup

Fried beancurd w. mungbean vermicelli in soup	**yàuh-dauh-fuh fán-sī tōng**	油豆腐粉絲湯
Hot & sour soup	**syūn-laaht-tōng**	酸辣湯

Main Dishes

Braised beancurd in sesame & chilli sauce	**màh-pòh dauh-fuh**	蔴婆豆腐
Braised fish tail	**hùhng-sīu wā-séui**	紅燒划水
Braised large meat ball w. vegetables	**choi-sām sī-jí-tàuh**	菜心獅子頭
Mixed vegetables in Chengtu style	**cháau sou jaahp-gám**	炒素什錦
Sauteed bean curd w. sliced pork in home style	**gā-sèuhng dauh-fuh**	家常豆腐
Sauteed shredded eel w. bean sprouts	**cháau síhn-wú**	炒鱔糊
Twice-cooked pork w. chilli seasoning	**wùih-wō-yuhk**	回鍋肉
Wu-shi style pork ribs	**mòuh-sehk-gwāt**	無錫骨

Savoury

Chinese radish pastry	**lòh-baahk-sī sōu béng**	蘿蔔絲酥餅
Fried dumpling	**wō-tip**	鍋貼
Fried meat-filled bun	**sāang-jīn-bāau**	生煎包
Fried twisted bun	**ja ngàhn-sī-gyún**	炸銀絲卷
Meat-filled dumplings	**síu-lùhng-bāau**	小籠包
Shanghai won-ton	**choi yuhk wàhn-tān**	菜肉雲吞
Steamed bun stuffed w. red bean paste	**dauh-sā-bāau**	豆沙包

Steamed meat-filled bun	**choi-yuhk-bāau**	菜肉包
Steamed twisted bun	**jīng-ngàhn-sī-gyún**	蒸銀絲卷
Steamed twisted roll	**fā-gyún**	花卷

Noodles

Braised noodles w. pak choi	**ching-choi wūi-mihn**	青菜煨麪
Noodles in hot & sour soup	**syūn-laaht-mihn**	酸辣麪
Noodles in hot peanut sauce	**daam-daam-mihn**	担担麪
Noodles w. shredded eel	**síhn-wú mihn**	鱔糊麪
Noodles w. assorted meat	**daaih-lóuh-mihn**	大鹵麪
Noodles w. pork chop	**pàaih-gwāt-mihn**	排骨麪
Noodles w. pork chop & spring onion	**chūng-yàuh pàaih-gwāt mihn**	葱油排骨麪
Noodles w. shredded pork & preserved mustard stem	**ja-choi yuhk-sī mihn**	榨菜肉絲麪
Noodles w. shredded pork & preserved cabbage	**syut-choi yuhk-sī mihn**	雪菜肉絲麪
Noodles in soup w. smoked fish	**fān-yú mihn**	燻魚麪
Plain noodles in soup	**yèuhng-chēun-mihn**	陽春麪
Sauteed thick noodles w. cabbage	**seuhng-hói chōu cháau**	上海粗炒
Thick noodles in soup w. cabbage	**seuhng-hói tōng mihn**	上海湯麪

Dessert

Almond beancurd	**hahng-yàhn dauh-fuh**	杏仁豆腐

Dumpling in guihua, wine & sweet soup	**jáu-yeuhng gwai-fā yūn-jí**	酒釀桂花丸子
Fried red bean paste pancake	**dauh-sā wō-béng**	豆沙鍋餅
ground black seasame dumpling	**jī-màh tōng-yún**	芝麻湯丸

4.8 Sichuan Cuisine

Soup

Hot & sour soup	**syūn-laaht-tōng**	酸辣湯

Main Dishes

Chilli prawn	**gūng-bóu-mìhng-hā**	宮保明蝦
Sauteed diced chicken w. hot pepper	**gūng-bóu gāi-dīng**	宮保雞丁
Sauteed diced chicken w. chilli pepper	**laaht-jí gāi-dīng**	辣子雞丁
Sauteed French bean	**gōn-bín sei-gwai dáu**	干煸四季豆

Noodles & Savoury

Fried noodles in chilli oil	**hùhng-yàuh cháau-sáu**	紅油抄手
Noodles in hot peanut sauce	**daam-daam-mihn**	担担麵
Plain noodles in soup	**yèuhng-chēun-mihn**	陽春麵
Steamed twisted roll	**fā-gyún**	花卷

Dessert

Fried ground red dates pancake	**jóu-nàih wō-béng**	棗泥鍋餅
Toffee apple	**baht-sī pìhng-gwó**	拔絲蘋果
Toffee banana	**baht-sī hēung-jīu**	拔絲香蕉

4.9 Hong Kong Style Cafe (Chàh-chāan-tēng)　（茶餐廳）

Rice

Curry beef strew w. rice	**ga-lēi ngàuh-yuhk faahn**	咖喱牛肉飯
Curry chicken w. rice	**go-lēi-gāi faahn**	咖喱雞飯
Fresh tomato & sliced beef w. rice	**sīn-ké ngàuh-yuhk faahn**	鮮茄牛肉飯
Fried rice	**yèuhng-jāu cháau-faahn**	揚州炒飯
Fried rice w. minced beef & lettuce	**sāang cháau ngàuh-yuhk faahn**	生炒牛肉飯
Fried rice w. shredded chicken & lettuce	**sāang cháau gāi-sī faahn**	生炒雞絲飯
Ham & fried egg w. rice	**fó-téui jīn dáan faahn**	火腿煎蛋飯
Minced beef & raw egg w. rice	**wō-dáan ngàuh-yuhk faahn**	窩蛋牛肉飯
Pork chop w. rice	**jyū-pá faahn**	豬排飯
Pork ribs & vegetables w. rice	**choi-yúhn pàaih-gwāt faahn**	菜遠排骨飯
Scrambled egg & sliced beef w. rice	**waaht-dáan ngàuh-yuhk faahn**	滑蛋牛肉飯
Screambled egg & shrimp w. rice	**waaht-dáan hā-yàhn faahn**	滑蛋蝦仁飯
Sliced beef & vegetables w. rice	**choi-yúhn ngàuh-yuhk faahn**	菜遠牛肉飯
Sweet corn & diced meat w. rice	**sūk-máih yuhk-nāp faahn**	粟米肉粒飯
Sweet corn & garoupa w. rice	**sūk-máih bāan-kàuh faahn**	粟米斑球飯

Noodles & Pasta

Baked spaghetti Bolognese	**guhk yuhk-jeung yi-fán**	焗肉醬意粉
Braised E-fu noodles w. mushroom	**gōn sīu yī-mihn**	干燒伊麵
Crispy noodles w. shredded pork	**yuhk-sī cháau mihn**	肉絲炒麵
Fried rice noodles w. beef in soy sauce	**gōn cháau ngàuh hó**	干炒牛河
Fried rice noodles w. curry powder	**cháau gwai-dīu**	炒貴刁
Fried rice noodles w. spare ribs in black bean & pepper	**pàaih-gwāt cháau hó**	排骨炒河
Fried spaghetti w. beef and black pepper	**gōn cháau hāk-jīu ngàuh-yuhk yi**	干炒黑椒牛肉意
Fried vermicelli in Singaporean style	**Sīng-jāu cháau máih**	星州炒米
Rice noodles w. fish ball in soup	**yùh-dáan máih-sin**	魚蛋米線

Bakery

Chicken pie	**gāi-pāi**	雞批
Custard tart	**daahn-tāat**	蛋撻
Flakey sweet bun	**Bō-lòh-bāau**	菠蘿包
Flakey sweet bun w. margarine	**bō-lòh-yàuh**	菠蘿油
French toast (w. peanut butter filling)	**(fā-sāng-jeung) sāi-dō**	(花生醬)西多
Portuguese style custard tart	**pòuh-tāat**	葡撻
Sweet bun w. coconut cream filling	**gāi-méih-bāau**	雞尾包

Congee

Beef congee	**ngàuh-yuhk jūk**	牛肉粥
Boat people congee	**téhng-jái-jūk**	艇仔粥
Meat ball congee	**yuhk-yún jūk**	肉丸粥
Pork liver congee	**jyū-yéun jūk**	豬膶粥
Pork offal congee	**kahp-dái-jūk**	及第粥
Sliced fish congee	**yùh-pín jūk**	魚片粥

4.10 Noodle Shop

Canton style

Deep-fried fish skin	**(ja) yùh-pèih**	炸魚皮
Fishball	**yùh-dáan**	魚蛋
Fishball slices	**yùh-pín**	魚片
Instant-boiled vegetables	**yàuh-choi**	油菜
Mixed noodles in oyster sauce w. ginger & spring onion	**gēung chūng lōu-mihn**	薑葱撈麵
Pekinese noodles w. minced pork	**ja-jeung-mihn**	炸醬麵
Shrimp dumpling	**séui-gáau**	水餃
Stewed beef strew	**ngàuh-náahm**	牛腩
Won-ton noodles	**wàhn-tān**	雲吞
Won-ton & mixed noodles w. oyster sauce	**wàhn-tān lōu-mihn**	雲吞撈麵

Chiu Chow Style

Beef ball	**ngàuh-yún**	牛丸
Deep-fried fish skin	**(ja) yùh-pèih**	炸魚皮
Fishball	**yùh-dáan**	魚蛋
Fishball slices	**yùh-pín**	魚片
Fish dumpling	**yùh-gáau**	魚餃

Four types of fishball and seaweed	**jí-choi sei-bóu**	紫菜四寶
Instant-boiled vegetables	**yàuh-choi**	油菜
Seaweed	**jí-choi**	紫菜
Sliced fishball & vegetables roll	**yùh-jaat**	魚扎
squid ball	**mahk-yùh-yún**	墨魚丸

*The above choices are served with noodles, including:

E-Fu noodles	**yī-(mihn)**	伊麵
plain noodles	**(yau)-mihn**	幼麵
thick noodles	**chōu-(mihn)**	粗麵
thick rice noodles	**hó-(fán)**	河粉
vermicelli	**máih-(fán)**	米粉

eg. Fishball and plain noodles	魚蛋麵
yùh-dáan mihn	
Fishball and thick rice noodles	魚蛋河
yùh-dáan hó	

You may have the choices or noodles served plain 淨:

eg. Plain beef ball	
jihng ngàuh-yún	淨牛丸
Plain vermicelli	
jihng máih-fán	淨米粉

Trolley Style (Chē-jái-mihn)		車仔麵
Choices:		
beef ball	**ngàuh-yún**	牛丸
beef strew	**ngàuh-náahm**	牛腩
breakfast sausage	**chéung-jái**	腸仔
chicken wing	**gāi-yihk**	雞翼

Fishball	**yùh-dáan**	魚蛋
Fried pig's skin	**jyū-pèih**	豬皮
Oriental raddish	**lòh-baahk**	蘿蔔
Red sausage	**hùhng-chéung**	紅腸
Steamed pig's blood	**jyū-hùhng**	豬紅
vegetables	**choi**	菜
Noodles:		
E-Fu noodles	**yī-mihn**	伊麵
oil noodles	**yàuh-mihn**	油麵
plain noodles	**yau-mihn**	幼麵
thick noodles	**chōu-mihn**	粗麵
vermicelli	**máih-fán**	米粉

*You may choose any kind of noodles and up to
three or four choices of food.

4.11 Barbecued Meat Shop
(sīu-laahp-póu)　　（燒臘舖）

BBQ duck	**sīu-ngaap**	燒鴨
BBQ goose	**sīu-ngó**	燒鵝
BBQ pork	**chā-sīu**	叉燒
BBO pork & BBQ goose	**chā ngó**	叉鵝
BBQ pork & steamed chicken	**chā gāi**	叉雞
BBQ pork & steamed soysauce chicken	**chā yàuh-gāi**	叉油雞
Roasted pork	**sīu-yuhk**	燒肉
Roasted spare-ribs	**sīu-pàaih-gwāt**	燒排骨
Roasted suckling pig	**yúh-jyū**	乳豬
Smoked pig's leg	**fān-tàih**	燻蹄
Soysauce chicken wing	**gāi-yihk**	雞翼

Soya marinated goose wing	**lóuh-séui ngòh-yihk**	鹵水鵝翼
Steamed chicken	**baahk-chit-gāi**	白切雞
Steamed chicken & BBQ goose	**chit-gāi ngó**	切雞鵝
Steamed soysauce chicken	**sih-yàuh-gāi**	豉油雞
Steamed soysauce chicken & BBQ goose	**yàuh-gāi ngó**	油雞鵝

*All the above choices can be served with rice, rice noodles and vermicelli
eg. BBQ pork rice
    chā-sīu-faahn   叉燒飯
    BBQ goose w. rice noodles
    sīu-ngó laaih   燒鵝瀨
    Steamed soysauce chicken w. vermicelli
    yàuh-gāi máih   油雞米

*BBQ duck and goose are served with plum sauce
(**syūn-múi-jeung**)   酸梅醬

*Steamed chicken is served with ginger and spring onion sauce (**gēung chūng**)   薑葱

4.12 Hong Kong Style Breakfast

Cantonese Style

Boat people congee	**téhng-jái-jūk**	艇仔粥
Diced preserved duck's egg & shredded salted pork congee	**pèih-dáan sau-yuhk jūk**	皮蛋瘦肉粥

Fried glutinous rice dumpling	**jīn-dēui**	煎堆
Fried long bun	**yàuh-ja-gwái** (M:tìuh)	油炸鬼
Fried sweet bun	**ngàuh-leih-sōu**	牛脷酥
Fried cake	**hàahm-jīm-béng**	咸煎餅
Fried noodles w. bean sprouts	**cháau-mihn**	炒麪
Minced beef congee	**ngàuh-yuhk jūk**	牛肉粥
Plain congee	**baahk-jūk**	白粥
Rice roll	**jyū-chèuhng-fán**; **chéung-fán**	豬腸粉；腸粉
Steamed pig's blood congee	**jyū-hùhng-jūk**	豬紅粥

Cafe Style

BBQ pork w. spaghetti in soup	**chā-sīu tōng yi-fán**	叉燒湯意粉
Ham & egg instant noodles	**téui dáan mihn**	腿蛋麪
Ham & egg sandwich	**téui dáan jih**	腿蛋治
Ham w. macaroni in soup	**fó-téui tūng-fán**	火腿通粉
Ham w. vermicelli	**fó-téui máih-fán**	火腿米粉
Preserved mustard stem & shredded pork w. instant noodles	**ja-choi yuhk-sī mihn**	炸菜肉絲麪
Satay beef & instant noodles	**sa-dē ngàuh-yuhk mihn**	沙爹牛肉麪
Scrambled egg sandwich	**dáan jih**	蛋治
Scrambled egg & beef sandwich	**dáan ngáu jih**	蛋牛治
Snow preserved cabbage & shredded pork w. instant	**syut-choi yuhk-sī mihn**	雪菜肉絲麪

noodles		
Spam w. instant noodles	**chāan-yuhk mihn**	餐肉麪
Spam & egg w. instant noodles	**chāan-dáan mihn**	餐蛋麪
Spicy diced pork w. instant noodles	**ńgh-hēung yuhk-dīng gūng-jái-mihn**	五香肉丁公仔麪
Toast w. butter	**yàuh-dō**	油多
Toast w. butter & condensed milk	**náaih-yàuh-dō**	奶油多
Toast w. butter & jam	**yàuh-jīm-dō**	油占多
Toast w. condensed milk & peanut butter	**náaih-jeung-dō**	奶醬多
Toast w. jam	**jīm-dō**	占多

Shanghai Style

Glutinous rice roll	**chī-faahn**	粢飯
Salty soya milk	**hàahm-dauh-jēung**	鹹豆漿
Spring onion cake	**chūng-yàuh-béng**	葱油餅
Sweet soya milk	**tìhm-dauh-jēung**	甜豆漿

4.13 Chinese Herbal Tea Shop (lèuhng-chàh-póu) （涼茶舖）

chrysanthemum tea	**gūk-fā-chàh; ngàhn-gūk-louh**	菊花茶；銀菊露
coconut milk	**yèh-jāp**	椰汁
fire-sesame seeds tea	**fó-màh-yàhn**	火麻仁
five flowers tea	**ńgh-fā-chàh**	五花茶
herbal tea	**lèuhng-chàh**	涼茶
sour plum soup	**syūn-mùih-tōng**	酸梅湯
sugar cane juice	**je-jāp**	蔗汁
24 herbal tea	**yah-sei-méi**	廿四味
tortoise jelly	**gwāi-lìhng-gōu**	龜苓膏

5. Food

5.1 Chinese Tea

Chinese Restaurant and Tea shop

chrysanthemum	**gūk-fā**	菊花
Jasmine Tea	**hēung-pin**	香片
Pu'er Tea	**póu-léi; bóu-léi**	普洱
Pu'er tea w. chrysanthemum	**gūk-pó; gūk-bóu**	菊普
Shou-mei	**sauh-méi**	壽眉
Shui-hsien; narcissus	**séui-sīn**	水仙

Tea Shop Only

Bo Bo Tea	**bouh-bouh-chàh**	暴暴茶
Chinese green tea	**bīk-lòh-chēun**	碧螺春
Jasmine tea	**muht-léi**	茉莉
Lok-on	**luhk-ōn**	六安
Lung-Ching	**lùhng-jéng**	龍井
Lychee red tea	**laih-jī-hùhng-chàh**	荔枝紅茶
Monkey picked tea	**máh-lāu-mīt**	馬騮摷
Rose	**mùih-gwai-fā**	玫瑰花
Rose red tea	**mùih-gwai hùhng-chàh**	玫瑰紅茶
Tikuanyin	**tit-gwūn-yām**	鐵觀音
Wu-long tea	**wū-lúng-chàh**	烏龍茶

5.2 Fruit

apple	**pìhng-gwó**	蘋果
◇green apple	**chēng-pìhng-gwó**	青蘋果
◇Japanese apple	**wān-sāt-pìhng-gwó**	溫室蘋果
avocado	**ngàuh-yàuh-gwó**	牛油果
banana	**hēung-jīu** (M:sō; jek)	香蕉

◇Chinese banana	**daaih-jīu**	大蕉
◇mini banana	**wòhng-dai-jīu**	皇帝蕉
blue berry	**làahm-múi**	藍莓
cherry	**chē-lèih-jí** (M:nāp)	車厘子
coconut	**yèh-chēng**	椰青
◇roasted coconut	**yèh-wòhng**	椰皇
custard apple	**fāan-gwái-laih-jī**	番鬼荔枝
dragon fruit	**fó-lùhng-gwó**	火龍果
durian	**làuh-lìhn**	榴槤
fig	**mòuh-fā-gwó**	無花果
grapes	**tàih-jí** (M:chāu; nāp)	提子
◇green grapes	**chēng-tàih-jí**	青提子
grapefruit	**sāi-yáu**	西柚
guava	**fāan-sehk-láu**	番石榴
honeydew melon	**maht-gwā**	蜜瓜
inaco	**yèh-chīm-gwó**	椰纖果
jackfruit	**daaih-syuh-bō-lòh**	大樹菠蘿
kiwi fruit	**kèih-yih-gwó**	奇異果
kumquat	**gām-gwāt**	甘橘
lemon	**nìhng-mūng**	檸檬
lime	**chēng-níng**	青檸
longan	**lùhng-ngáahn** (M:chāu; nāp)	龍眼
loquat	**pèih-pàh-gwó**	枇杷果
lychee	**laih-jī** (M:chāu; nāp)	荔枝
mandarin orange	**gām**	柑
mango	**mōng-gwó**	芒果
mangostee	**hùhng-mòuh-dāan**	紅毛丹
musk melon	**chàauh-pèih-gwā**	皺皮瓜
nectarine	**tòuh-bok-léi**	桃駁李
orange	**cháang**	橙
papaya	**muhk-gwā**	木瓜
◇Hawaiian papaya	**maahn-sauh-gwó; Hah-wāi-yìh muhk-gwā**	萬壽果；夏威夷木瓜

peach	**tóu**	桃
◇Chinese peach	**séui-maht-tòuh**	水蜜桃
pear	**léi**	梨
◇Australian pear	**bē-léi**	啤梨
◇Japanese pear	**séui-jīng-léi**	水晶梨
◇Shinjiang pear	**hēung-léi**	香梨
◇Tientsin pear	**syut-lèih**	雪梨
persimmon	**làhm-chí**	林柿
◇Japanese persimmon	**fu-yáuh-chí**	富有柿
pineapple	**bō-lòh**	菠蘿
plum	**bou-lām-léi**	布冧李
◇black plum	**hāak-bou-lām**	黑布冧
◇green plum	**chēng-bou-lām**	青布冧
◇red plum	**hùhng-bou-lām**	紅布冧
◇small plum	**léi-jái**	李仔
pomelo	**sā-tìhn-yáu**	沙田柚
prune	**sāi-múi (M:nāp)**	西梅
rock melon	**hā-maht-gwā**	哈蜜瓜
star fruit	**yèuhng-tóu**	楊桃
strawberry	**sih-dō-bē-léi**	士多啤梨
water melon	**sāi-gwā**	西瓜

5.3 Vegetables

Beans and Peas

French string beans	**sei-gwai-dáu**	四季豆
honey peas	**maht-(tòhng)-dáu**	蜜糖豆
long string beans	**dauh-gok**	豆角
runner beans	**bín-dáu**	扁豆
snow peas, Chinese peas	**hòh-lāan-dáu**	荷蘭豆
string beans	**yuhk-dáu**	肉豆
fresh soybean	**mòuh-dáu**	毛豆

Beancurd

beancurd, tofu	**dauh-fuh**	豆腐
fresh beancurd	**séui-dauh-fuh;**	水豆腐；
	bōu-bāau dauh-fuh	布包豆腐
deep-fried beancurd cubes	**dauh-(fuh)-pōk**	豆腐卜
deep-fried beancurd squares	**yàuh-dauh-fuh**	油豆腐
five-spice powder coated pressed beancurd	**ńgh-hēung dauh-fuh-gōn**	五香豆腐乾
pressed beancurd	**dauh-fuh-gōn**	豆腐乾

Bean sprouts

Alfalfa sprouts	**ngàh-choi-sī**	芽菜絲
bean sprouts	**ngàh-choi-jái**	芽菜仔
soybean sprouts	**daaih-dáu ngàh-choi**	大豆芽菜

Condiments

chilli	**hùhng-laaht-jīu**	紅辣椒
coriander	**yìhm-sāi**	芫荽
garlic	**syun-tàuh**	蒜頭
garlic shallots	**syun-jí**	蒜子
ginger	**gēung**	薑
stem ginger	**jí-gēung**	子薑
onion	**yèuhng-chūng**	洋葱
parsley	**(fāan)-yìhm-sāi**	番芫荽
green pepper	**(jìm-jéui) chēng-jīu**	尖嘴青椒
green bell pepper	**dāng-lùhng-jīu;**	燈籠椒；
	chēng-jīu	青椒
red bell pepper	**hùhng-jīu**	紅椒
shallots	**gōn-chūng-(tàuh)**	乾葱頭

Green vegetables

asparagus	**(sīn) louh-séun**	鮮蘆笋

bamboo shoots	**dūng-séun**	冬笋
broccoli	**sāi-làahn-fā**	西蘭花
cabbage	**yèh-choi**	椰菜
◇Chinese white cabbage; Pak Choi	**baahk-choi**	白菜
◇mini Pak Choi	**baahk-choi-jái**	白菜仔
◇Shanghai Pak Choi	**síu-tòhng-choi**	小棠菜
cauliflower	**yèh-choi-fā**	椰菜花
celery	**sāi-kàhn**	西芹
◇Chinese celery	**kàhn-choi**	芹菜
Chinese box thorn	**gáu-géi**	枸杞
Chinese flowering cabbage, choi sum	**choi-sām**	菜心
Chinese kale	**gaai-láan**	芥蘭
garland chrysanthemum	**tòhng-hōu** (winter)	茼蒿
garlic chives	**gáu-choi**	韭菜
◇blanched garlic chives	**gáu-wòhng**	韭黃
◇flowering garlic chives	**gáu-choi-fā**	韭菜花
kiangsi scallions	**kíu-choi**	蕎菜
leeks	**daaih-syun**	大蒜
lettuce	**sāi-sāang-choi**	西生菜
◇Chinese lettuce	**tòhng-sāang-choi**	唐生菜
mustard cabbage	**gaai-choi**	芥菜
night-fragrant flower	**yeh-hèung-fā** (summer)	夜香花
pea shoots	**dauh-mìuh** (winter)	荳苗
spinach	**bō-choi**	波菜
◇ceylon spinach	**sàahn-choi**	潺菜
◇Chinese spinach	**yihn-choi** (summer)	莧菜
◇water spinach	**tūng-choi; ngung-choi** (summer)	通菜；甕菜
spring onion, scallion	**chūng** (M:tìuh; pō)	葱

◇big spring onion	**daaih-chūng; gīng-chūng**	大葱；京葱
Tientsin cabbage	**wòhng-ngàh-baahk; siuh-choi**	黃芽白： 紹菜
watercress	**sāi-yèuhng-choi**	西洋菜
wild rice shoots	**gāau-séun**	茭笋

Melon & Fruit & Root

angled luffa	**sī-gwā**	絲瓜
baby corn	**sūk-máih-séun; jān-jyū-séun**	粟米笋： 珍珠笋
bitter melon	**fú-gwā**	苦瓜
carrot	**hùhng-lòh-baahk**	紅蘿蔔
chayote	**hahp-jéung-gwā; faht-sáu-gwā**	合掌瓜 佛手瓜
corn, sweet corn	**sūk-máih**	粟米
cucumber	**chēng-gwā**	青瓜
◇yellow cucumber	**wòhng-gwā**	黃瓜
eggplant	**ngái-gwā; ké-jí**	矮瓜；茄子
fuzzy melon	**jit-gwā**	節瓜
green papaya	**muhk-gwā**	木瓜
jicama	**sā-got**	沙葛
kudzu	**fán-got**	粉葛
lotus root	**lìhn-ngáuh**	蓮藕
oriental radish	**lòh-baahk**	蘿蔔
◇green oriental radish	**chèng-lòh-baahk**	青蘿蔔
pumpkin, squash	**nàahm-gwā; fāan-gwā**	南瓜： 番瓜
potato	**syùh-jái**	薯仔
sponge luffa	**séui-gwā**	水瓜
tomato	**fāan-ké**	番茄
◇cherry tomato	**chē-lèih-ké**	車厘茄
taro	**wuh-táu**	芋頭
winter melon	**dūng-gwā** (summer)	冬瓜
yam, sweet potato	**fāan-syú**	蕃薯

Mushroom

button mushroom	**mòh-gū;**	蘑菇；
	baahk-kwán	白菌
enokidake mushroom	**gām-gū**	金菇
shitake mushroom	**dūng-gū; bāk-gū**	冬菇；北菇
straw mushroom	**chóu-gū**	草菇

Nut & Seed

almond	**hahng-yàhn**	杏仁
arrowhead	**chìh-gū**	茨姑
chestnut	**leuht-jí**	栗子
fresh lily	**sīn baak-hahp**	鮮百合
fresh lotus seed	**sīn lìhn-jí**	鮮蓮子
water chestnut	**máh-tái**	馬蹄
walnut	**hahp-tòuh**	合桃

5.4 Seafood

abalone (fresh)	**sīn bāau-yùh**	鮮鮑魚
	(M:jek)	
big head	**daaih-yú** (M:tìuh)	大魚
clam	**hín**	蜆
common carp	**léih-yú** (M:tìuh)	鯉魚
crab	**háaih** (M:jek)	蟹
cuttlefish	**mahk-yùh** (M:jek)	墨魚
dace	**lèhng-yú** (M:tìuh)	鯪魚
eel	**síhn** (M:tìuh)	鱔
garoupa	**sehk-bāan**	石斑
◇green garoupa	**chēng-bāan**	青斑
◇mouse head garoupa	**lóuh-syú-bāan**	老鼠斑
◇red garoupa	**hùhng-bāan**	紅斑
geo duck	**jeuhng-baht-póhng**	象拔蚌
grass carp	**wáahn-yú** (M:tìuh)	鯇魚
green wrasse	**chīng-yī** (M:tìuh)	青衣

jelly fish	**hói-jit**	海蜇
lobster	**lùhng-hā** (M:jek)	龍蝦
◇spiny lobster	**lùhng-hā-jái**	龍蝦仔
mullet	**wū-táu** (M:tìuh)	烏頭
mussel	**chēng-háu** (M:jek)	青口
octopus	**jēung-yùh** (M:jek)	鱆魚
oyster	**hòuh** (M:jek)	蠔
pomfret	**chōng-yú** (M:tìuh)	鯧魚
prawn	**daaih-hā** (M:jek)	大蝦
red snapper	**hùhng-sāam-yú** (M:tìuh)	紅衫魚
salmon	**sāam-màhn-yú** (M:tìuh)	三文魚
scallop	**daai-jí** (M:jek)	帶子
sea bream	**laap-yú** (M:tìuh)	鮫魚
sea cucumber	**hói-sām** (M:gauh)	海蔘
shrimp	**hā** (M:jek)	蝦
snakehead	**sāang-yú** (M:tìuh)	生魚
sole	**taat-sā; lùhng-leih** (M:tìuh)	撻沙；龍脷
squid	**yàuh-yú** (M:jek)	魷魚
stream loach	**nàih-chāu-yú** (M:tìuh)	泥鰍魚
turtle	**séui-yú** (M:jek)	水魚

Others

(*fish*)	**nàih-māang**	泥鯭
	sōu-mèih	蘇眉
	màahng-chòuh	盲曹
(*shell*)	**dūng-fūng-ló**	東風螺
	héung-ló	響螺
	sī-ām	螄蚶
	sing-jí	蟶子

5.5 Meat & Poultry

bacon	**yīn-yuhk**	煙肉
beef	**ngàuh-yuhk**	牛肉
beef brisket	**ngàuh-náahm**	牛腩
chicken	**gāi** (M:jek)	雞
◇chicken breast	**gāi-hūng-yuhk**	雞胸肉
◇chicken leg	**gāi-béi**	雞脾
◇chicken wing	**gāi-yihk**	雞翼
◇black skin chicken	**jūk-sī-gāi**	竹絲雞
duck	**ngaap** (M:jek)	鴨
frog	**tìhn-gāi**	田雞
fillet	**ngàuh-láuh**	牛柳
fish fillet	**yùh-láuh**	魚柳
goose	**ngó** (M:jek)	鵝
lamb chop	**yèuhng-pá**	羊扒
mutton	**yèuhng-yuhk**	羊肉
ox-tail	**ngàuh-méih**	牛尾
ox tongue	**ngàuh-leih** (M:tìuh)	牛脷
pigeon	**yúh-gaap** (M:jek)	乳鴿
pork	**jyū-yuhk**	豬肉
◇fat pork	**fèih-jyū-yuhk**	肥豬肉
◇lean pork	**sau-yúk**	瘦肉
pork chop	**jyū-pá**	豬扒
pork liver	**jyū-yéun**	豬膶
pork rib	**pàaih-gwāt**	排骨
sausage	**hēung-chéung** (M:tìuh)	香腸
◇breakfast sausage	**chéung-jái**	腸仔
sirloin steak	**sāi-lāang-pá**	西冷扒
steak	**ngàuh-pá**	牛扒
T-bone steak	**tī-gwāt-pá**	T 骨扒
turkey	**fó-gāi**	火雞
veal	**ngàuh-jái-yuhk**	牛仔肉
veal with ribs	**ngàuh-jái-gwāt**	牛仔骨

5.6 Staple Food

bread	**mihn-bāau**	麵飽
◇wheat bread	**mahk-bāau**	麥飽
congee	**jūk**	粥
noodles	**mihn**	麵
◇E-Fu noodles	**yī-mihn**	伊麵
◇instant noodles	**jīk-sihk-mihn;**	即食麵
	gūng-jái-mihn	公仔麵
◇shrimp eggs noodles	**hā-jí-mihn**	蝦子麵
◇spinach noodles	**bō-choi-mihn**	菠菜麵
macaroni	**tūng-sām-fán**	通心粉
mungbean vermicelli	**fán-sī**	粉絲
pasta	**lòh-sī-fán;**	螺絲粉
	hín-hok-fán	蜆殼粉
rice	**faahn**	飯
◇glutinous rice	**loh-máih**	糯米
rice noodle	**laaih-fán**	瀨粉
◇flat rice noodle	**hó-fán**	河粉
spaghetti	**yi-(daaih-leih)-fán**	意大利粉
vermicelli	**máih-fán**	米粉

5.7 Seasoning

Seasoning

black pepper	**haāk-jīu**	黑椒
bread crumbs	**mihn-bāau-hōng**	麵包糠
chicken broth	**seuhng-tōng;**	上湯
	chīng gāi-tōng	清雞湯
chicken essense	**gāi-jīng**	雞精
corn starch	**dauh-fán; sūk-fán**	豆粉；粟粉
curry powder	**ga-lēi-fán**	咖喱粉
five-scent powder	**ńgh-hēung-fán**	五香粉
glutinous rice flour	**loh-máih-fán**	糯米粉

ground pepper	**wùh-jīu-fán**	胡椒粉
honey	**maht-tòhng**	蜜糖
lard	**jyū-yàuh**	豬油
MSG	**meih-jīng**	味精
rice flour	**jīm-máih-fán**	粘米粉
wheat flour	**mihn-fán**	麵粉
oil	**yàuh**	油
◇corn oil	**sūk-máih-yàuh**	粟米油
◇peanut oil	**fā-sāng-yàuh**	花生油
◇vegetable oil	**choi-yàuh**	菜油
◇olive oil	**gaam-láam yàuh**	橄欖油
salt	**yìhm**	鹽
sesame oil	**màh-yàuh**	蔴油
soda	**sō-dá-fán**	梳打粉
spice ginger powder	**sā-gēung-fán**	沙薑粉
sugar	**tòhng**	糖
◇granulated sugar	**(sā)-tòhng**	沙糖
◇rock sugar	**bīng-tòhng**	冰糖
◇slab sugar	**pin-tòhng**	片糖
vinegar	**chou**	醋
◇white vinegar	**baahk-chou**	白醋
◇red vinegar	**hùhng-chou**	紅醋
◇spice vinegar	**jit-chou**	浙醋
wine	**jáu**	酒
◇rice wine	**máih-jáu**	米酒
◇rose wine	**mùih-gwai-louh**	玫瑰露
◇Shaohsing wine	**siuh-hing-jáu**	紹興酒

Paste and Sauce

chilli sauce	**laaht-jīu-jeung**	辣椒醬
chilli oil	**laaht-jīu-yàuh**	辣椒油
Chu-Hou marinade sauce	**chyúh-hàuh-jeung**	柱侯醬
clam sauce	**hín-gaai**	蜆介
fermented bean curd	**fuh-yúh**	腐乳
fermented black	**dauh-sih**	豆豉

beans		
fermented red bean curd	**nàahm-yúh**	南乳
fermented shrimp paste	**hā-gōu**	蝦膏
fermented shrimp sauce	**hā-jeung**	蝦醬
fermented soybean paste	**mihn-sí**	麵豉
fish sauce	**yùh-louh**	魚露
garlic paste	**syun-yùhng**	蒜蓉
ketchup	**ké-jāp**	茄汁
mayonnaise	**sā-léut-jeung**	檸檬醬
mustard	**gaai-laaht**	芥辣
oyster sauce	**hòuh-yàuh**	蠔油
plum sauce	**syūn-múi-jeung**	酸梅醬
Portugal sauce	**pòuh-jāp**	葡汁
sesame paste	**jī-màh-jeung**	芝蔴醬
soy chilli sauce	**Gwai-làhm laaht-jīu-jeung**	桂林辣椒醬
soy sauce	**sih-yàuh**	豉油
◇dark soy sauce	**lóuh-chāu**	老抽
◇light soy sauce	**sāang-chāu**	生抽
soya marinade	**lóuh-séui-jāp**	鹵水汁
sweet and sour sauce	**syūn-tím-jeung**	酸甜醬
thick broad bean chilli sauce	**dauh-báan-(laaht)-jeung**	豆瓣辣醬
wasabi	**Yaht-bún gaai-laaht**	日本芥辣
worcestershire sauce	**gīp-jāp**	喼汁
X.O. sauce	**X O jeung**	X.O. 醬

5.8 Dried & Preserved Chinese Ingredients

From grocery store or supermarket
(jaahp-fo-póu,
chīu-kāp síh-chèuhng)

		（雜貨舖，
		超級市場）
Chinese liver sausage	yéun-chéung	膶腸
Chinese pickled melon	chàh-gwā	茶瓜
Chinese sausage	laahp-chéung	臘腸
Chinese preserved fat pork	laahp-yuhk	臘肉
Chinese preserved duck	laahp-ngaap	臘鴨
Chinese smoked ham	gām-wàh-fó-téui; wàhn-téui	金華火腿； 雲腿
dried beancurd sheet	fuh-jūk	腐竹
dried beancurd sticks	jī-jūk	枝竹
dried duck gizzard	ngaap-sán; chàhn-sáhn	鴨腎； 陳腎
egg	gāi-dáan (M:jek)	雞蛋
◇preserved duck egg	pèih-dáan	皮蛋
◇salted duck egg	hàahm-dáan	鹹蛋
◇quail egg	ngām-chēun-dáan	鵪鶉蛋
ginkgo	baahk-gwó	白果
gluten	mihn-gān	麵根
◇deep-fried gluten	sāang-gān	生根
mungbean vermicelli	fán-sī	粉絲
preserved plum-blossom cabbage	mùih-choi	梅菜
preserved snow cabbage	syut-léuih-hùhng; syut-choi	雪裡紅； 雪菜
preserved spicy mustard stem	ja-choi	榨菜
red bean	hùhng-dáu	紅豆
salt-sour cabbage	hàahm-syūn-choi	鹹酸菜

seahair	**faat-choi**	髮菜
soy beans	**wòhng-dáu;**	黃豆：
	daaih-dáu	大豆

From Chinese Herb Store (yeuhk-chòih-póu) （藥材舖）

Adzuki beans	**chek-síu-dáu**	赤小豆
black sesame seeds	**hāak-jī-màh**	黑芝麻
Chinese almond/ apricot kernels	**nàahm-bāk-hahng**	南北杏
Chinese peppercorns	**fā-jīu**	花椒
Chinese red dates	**hùhng-jóu**	紅棗
dried figs	**mòuh-fā-gwó**	無花果
fennel seeds	**wùih-hēung**	茴香
longan pulp	**lùhng-ngáahn-yuhk**	龍眼肉
lotus seed	**lìhn-jí**	蓮子
pearl barley	**yèuhng-yi-máih**	洋薏米
Peking dates	**maht-jóu**	蜜棗
seed of box thorn	**géi-jí**	杞子
silver woodear mushroom	**syut-yíh; ngàhn-yíh**	雪耳：銀耳
star anise	**baat-gok**	八角
tangerine peel	**gwó-pèih**	果皮
white sesame seeds	**jī-màh**	芝麻
woodear mushrooms	**wàhn-yíh**	雲耳

From dried seafood store (hói-méih-póu) （海味舖）

abalone	**bāau-yùh**	鮑魚
bird's nest	**yin-wō**	燕窩
conpoy	**yìuh-chyú**	瑤柱
octopus	**jēung-yùh**	鱆魚
shrimp	**hā-máih**	蝦米
shark's fin	**yùh-chi**	魚翅
shitake mushroom	**dūng-gū**	冬菇
squid	**gōn yàuh-yú;**	乾魷魚：
	diu-pín	吊片

6. Cooking

Preparation

chopped	**chit-hòi**	切開
◇chopped in chunks	**chit-hòi yāt gauh gauh**	切開一舊舊
◇chopped in diagonals	**che-chit**	斜切
crushed	**dēuk-seui**	剁碎
diced	**chit nāp**	切粒
discard	**chit-jáu**	切走
drain	**kìhng séui**	□水
flaked	**chaak yuhk**	拆肉
grated	**mòh-seui**	磨碎
juice	**ja jāp**	榨汁
marinate	**yip**	醃
minced	**dēuk-laahn**	剁爛
mix	**lōu-màaih**	撈埋
parboiling	**chēut séui**	出水
peeled w. hands	**mīt pèih**	搣皮
peeled w. knife	**pāi pèih**	批皮
peeled w. peeler	**pàauh pèih**	刨皮
pulverize	**mòh-sèhng fán**	磨成粉
rinse	**sái**	洗
season	**tìuh-meih**	調味
shelled	**mōk hok**	剝殼
shreded	**chit tíu**	切條
◇thinly shreded	**chit sī**	切絲
stir	**gáau**	攪
strip	**mōk pèih**	剝皮
sliced	**chit pín**	切片
soaked	**faat-hōi; jam-hōi**	發開；浸開
stuffed	**yeuhng**	釀
whip (thoroughly)	**faak (wàhn)**	發（勻）

Cooking Terms

bain-marie; double boil	**dahn**	燉
bake	**guhk**	焗
boil (soup, water)	**bōu**; (quick) **gwán**	煲；滾
boil	**jyú**	煮
braise	**mān**;	燜(炆)；
	(pork) **hùhng-sīu**;	紅燒；
	(noodles) **wūi**	煨
boil (sauce)	**wuih**	燴
deep fry	**ja**; (quick) **jáu-yáu**	炸；走油
grill	**sīu**; **hāau**	燒；烤
pan-fry	**jīn**	煎
poach	**saahp**; (quick) **cheuk**	炲；灼
saute, stir fry	**cháau**	炒
simmer	**bōu**	煲
simmer until tender	**bōu nàhm**	煲淋
smoke	**fān**	燻
smoke in charcoal	**wūi**	煨
steam	**jīng**	蒸
stew	**mān**	燜(炆)

Final step

add sesame oil	**lohk màh-yàuh**	落蔴油
add soy sauce and cooked oil	**làhm sih-yàuh suhk-yàuk**	淋鼓油熟油
thicken with cornstarch	**dá hin**; **màaih hin**	打獻；埋獻
rinse under running water	**gwo láahng-hòh**	過冷河
sprinkle chopped spring onion	**sám chūng-fā**	沈葱花
sprinkle ginger & spring onion/parsley	**sám gēung chūng/ yìhm-sāi**	沈薑葱／芫茜
sprinkle wine	**jaan jáu**	贊酒

7. Drinks

Almond tea	**hahng-yàhn-sēung**	杏仁霜
beer	**bē-jáu**	啤酒
◇draught beer	**sāang bē**	生啤
◇Carlsberg	**Gā-sih-baak**	嘉士伯
◇Heineken	**Héi-lihk**	喜力
◇Tsing Tao	**Chīng-dóu**	青島
chocolate	**jyū-gū-līk**	朱古力
cocoa	**gū-gú**	哈咕
coffee	**ga-fē**	咖啡
◇black coffee	**jāai-fē**	齋啡
◇ice coffee w. ice cream	**sāi-bāan-ngàh ga-fē**	西班牙咖啡
Coke	**hó-lohk**	可樂
◇Coca cola	**(hó-háu) hó-lohk**	(可口)可樂
◇Pepsi Cola	**baahk-sih (hó-lohk)**	百事(可樂)
Coke w. lemon	**níng lohk**	檸樂
Cream Soda	**geih-līm**	忌廉
Fanta Orange	**fān-daaht**	芬達
Fresh milk	**sīn náaih**	鮮奶
Fruit punch	**jaahp-gwó bān-jih**	雜果賓治
Honey lemon	**níng maht**	檸蜜
Honey of watercress	**(sāi-yèuhng)-choi maht**	(西洋)菜蜜
Horlicks	**Hóu-lahp-hāk; Hō-līk**	好立克
lemon tea	**nìhng-mūng chàh**	檸檬茶
◇ice lemon tea	**dung níng chàh**	凍檸茶
lemonade	**nìhng-mūng séui; níng séui**	檸檬水 檸水
Miro	**Méih-luhk**	美祿
Mixed coffee & tea w. milk	**yūn-yēung**	鴛鴦
orange juice	**cháang jāp**	橙汁
Ovaltine	**ō-wàh-tìhn**	柯華田

Plain tea	**chīng chàh**	清茶
Red bean drink	**hùhng-dáu-bīng**	紅豆冰
Seven Up	**Chāt-héi**	七喜
soda	**sō-dá-séui**	梳打水
Soya milk	**dauh-jēung**	豆漿
Sprite	**Syut-bīk**	雪碧
Tea w. milk	**náaih chàh**	奶茶
water	**séui**	水
◇boiled water	**dung gwán séui**	凍滾水
◇hot water	**gwán séui**	滾水
◇ice water	**bīng séui**	冰水
◇mineral water	**kwong-chyùhn-séui**	礦泉水
water melon juice	**sāi-gwā jāp**	西瓜汁
yoghurt	**yúh-lok**	乳酪
Yuzu tea	**yáu-jí chàh**	柚子茶

8. Colour

beige	**máih sīk; hahng sīk**	米色，杏色
black	**hāk sīk; hāak sīk**	黑色
blue	**làahm sīk**	藍色
bright	**sīn sīk**	鮮色
	◇sīn hùhng sīk (scarlet)	鮮紅色
brown	**(ga)-fē sīk**	(咖)啡色
crimson	**sām hùhng sīk**	深紅色
dark	**sām sīk**	深色
	◇sām làahm sīk (dark/navy blue)	深藍色
florescent	**yìhng-gwōng**	螢光
	◇ ~ luhk sīk (~ green)	螢光綠色
gold	**gām sīk**	金色
gray	**fūi sīk**	灰色
green	**luhk sīk**	綠色
	(pale, plant) **chēng sīk**	青色
khaki	**kā-kèih sīk**	卡其色

light	**chín sīk;**	淺色
	◇chín luhk sīk (light green)	淺綠色
	fán sīk	粉色
	◇fán làahm sīk (baby blue)	粉藍色
navy blue	**bóu làahm sīk**	寶藍色
orange	**cháang sīk**	橙色
peach	**fán cháang sīk**	粉橙色
pink	**fán hùhng sīk**	粉紅色
purple	**jí sīk**	紫色
red	**hùhng sīk**	紅色
scarlet	**sīn hùhng sīk**	鮮紅色
silver	**ngàhn sīk**	銀色
transparent	**tau-mìhng**	透明
turquoise	**làahm luhk sīk**	藍綠色
violet	**jí làahm sīk**	紫藍色
what colour	**māt-yéh sīk**	乜嘢色
white	**baahk-sīk**	白色
yellow	**wòhng sīk**	黃色

9. Hong Kong Island

Aberdeen	**Hēung-góng-jái**	香港仔
Aberdeen Tunnel	**Hēung-góng-jái seuih-douh**	香港仔隧道
Admiralty	**Gām-jūng**	金鐘
◇Citic Tower	**Jūng-seun Daaih-hah**	中信大廈
◇Conrad Hotel	**Góng-laih Jáu-dim**	港麗酒店
◇Cotton Tree Drive	**Hùhng-mìhn-louh**	紅棉路
◇Garden Rd	**Fā-yùhn-douh**	花園道
◇Hong Kong Park	**Hēung-góng Gūng-yún**	香港公園
◇Museum of Tea Ware	**Chàh-geuih Bok-maht-gún**	茶具博物館

◇Marriot Hotel	**Maahn-hòuh Jáu-dim**	萬豪酒店
◇Pacific Place	**Taai-gwú Gwóng-chèuhng**	太古廣場
◇Queensway Plaza	**Gām-jūng-lòhng**	金鐘廊
◇Shangrila Hotel	**Hēung-gaak-léih-lāai Jáu-dim**	香格里拉酒店
Ap Lei Chau	**Aap-leih-jāu**	鴨脷洲
◇South Horizons	**Hói-yìh Bun-dóu**	海怡半島
Braemar Hill	**Bóu-máh-sāan**	寶馬山
◇Braemar Hill Rd	**Bóu-máh-sāan-douh**	寶馬山道
◇Cloud View Rd	**Wàhn-gíng-douh**	雲景道
Causeway Bay	**Tùhng-lòh-wāan**	銅鑼灣
◇Canal Rd (fly-over)	**Gin-nàh-douh, Ngòh-géng-kìuh**	堅拿道 鵝頸橋
◇Central Library	**Jūng-yēung Tòuh-syū-gún**	中央圖書館
◇Excelsior Hotel	**Yìh-dūng Jáu-dim**	怡東酒店
◇Gloucester Rd	**Gou-sih-dá-douh**	告士打道
◇IKEA	**Yìh-gā gā-sī**	宜家傢俬
◇Lee Gardens	**Leih-yún**	利園
◇Lee Theatre	**Leih-móuh-tòih**	利舞台
◇Lockhart Rd	**Lohk-hāk-douh**	駱克道
◇Park Lane Hotel	**Paak-lìhng Jáu-dim**	柏寧酒店
◇Sogo	**Sùhng-gwōng**	崇光
Central	**Jūng-wàahn**	中環
◇Bank of China Tower	**Jūng-ngàhn Daaih-hah**	中銀大廈
◇Cat Street	**Mō-lō-gāai**	摩羅街
◇City Hall	**Daaih-wuih-tòhng**	大會堂
◇Chater Garden	**Jē-dá Fā-yún**	遮打花園
◇Cheung Kong Centre	**Chèuhng-gōng Jūng-sām**	長江中心
◇Connaught Road	**Gōn-nohk-douh**	干諾道
◇Des Voeux Road	**Dāk-fuh-douh**	德輔道

◇Escalator to Mid-Levels	**Bun-sāan jih-duhng-dihn-tāi**	半山自動電梯
◇Exchange Square	**Gāau-yihk Gwóng-chèuhng**	交易廣場
◇Ferry Pier	**Jūng-wàahn Máh-tàuh**	中環碼頭
◇Four Seasons Hotel	**Sei-gwai Jáu-dim**	四季酒店
◇Government House	**Láih-bān-fú**	禮賓府
◇Hollywood Road	**Hòh-léih-wuht-douh**	荷里活道
Man Mo Temple	**Màhn-móuh-míu**	文武廟
◇HSBC Main Bldg	**Wuih-fūng Ngàhn-hòhng Júng-hóng**	匯豐銀行總行
◇Ice House St	**Syut-chóng-gāai**	雪廠街
◇International Finance Centre	**Gwok-jai Gām-yùhng Jūng-sām**	國際金融中心
◇Jardine House	**Yìh-wó Daaih-hah**	怡和大廈
◇Lan Kwai Fong	**Làahn-gwai-fōng**	蘭桂坊
◇Landmark	**Ji-deih Gwóng-chèuhng**	置地廣場
◇Legislative Council Bldg	**Laahp-faat-wúi**	立法會
◇Lyndhurst Terrace	**Báai-fā-gāai**	擺花街
◇Mandarin Hotel	**Màh-wàh Jáu-dim**	文華酒店
◇Pedder House	**Bā-dá-hóng**	畢打行
◇Prince's Bldg	**Taai-jí Daaih-hah**	太子大廈
◇Queen's Road Central	**Wòhng-hauh-daaih-douh jūng**	皇后大道中
◇Soho	**Sōu-hòuh**	蘇豪
◇Star Ferry	**Tīn-sīng Máh-tàuh**	天星碼頭
◇Statue Square	**Wòhng-hauh-jeuhng Gwóng-chèuhng**	皇后像廣場
◇USA Consulate	**Méih-gwok Líhng-sih-gún**	美國領事館
◇Worldwide House	**Wàahn-kàuh Daaih-hah**	環球大廈
◇Wyndham St	**Wàhn-hàahm-gāai**	雲咸街

◇Zoological & Botanical Gardens	**Duhng-jihk-maht Gūng-yùhn**	動植物公園
Chai Wan	**Chàaih-wāan**	柴灣
◇Eastern Hospital	**Dūng-kēui Yī-Yún**	東區醫院
◇Heng Fa Chuen	**Hahng-Fā-chyūn**	杏花邨
Chung Hom Kok	**Jūng-hám-gok**	舂坎角
Cyberport	**Sou-máh-góng**	數碼港
◇Baguio Villa	**Bīk-yìuh-wāan**	碧瑤灣
◇Residence Bel-Air	**Bui-sā-wāan**	貝沙灣
Deep Water Bay	**Sām-séui-wāan**	深水灣
Eastern Harbour Crossing	**Dūng-seuih**	東隧
Fortress Hill	**Paau-tòih-sāan**	炮台山
Happy Valley	**Páau-máh-déi**	跑馬地
◇Blue Pool Rd	**Làahm-tòhng-douh**	藍塘道
◇HK Sanatorium & Hospital	**Yéuhng-wòh Yī-yún**	養和醫院
◇Leighton Hill	**Láih-deuhn-sāan**	禮頓山
◇Race Course	**Máh-chèuhng**	馬場
◇Sing Woo Rd	**Sìhng-wòh-douh**	成和道
Harbour Crossing	**Hùhng-seuih**	紅隧
Jardine's Lookout	**Jā-dīn-sāan**	渣甸山
Kennedy Town	**Gīn-nèih-deih-sìhng**	堅尼地城
Middle Bay	**Jūng-wāan**	中灣
Mid-Levels	**Bun-sāan-kēui**	半山區
◇Bonham Rd	**Būn-hàahm-douh**	般咸道
◇Bowen Road	**Bóu-wàhn-douh**	寶雲道
Lover's Rock	**Yān-yùhn-sehk**	姻緣石
◇Caine Rd	**Gīn-dóu**	堅道
◇Conduit Rd	**Gōn-dāk-douh**	干德道
◇Macdonnell Rd	**Mahk-dōng-lòuh-douh**	麥當勞道
◇Magazine Gap Rd	**Máh-géi-sīn-hahp-douh**	馬己仙峽道
◇May Rd	**Mùih-douh**	梅道

◇Old Peak Rd Canossa Hospital	**Gauh-sāan-déng-douh**	舊山頂道
	Gā-nok-saat Yī-yún	嘉諾撒醫院
◇Peak Rd	**Sāan-déng-douh**	山頂道
◇Robinson Rd	**Lòh-bihn-sàhn-douh**	羅便臣道
◇Stubbs Rd	**Sī-tòuh-baht-douh**	司徒拔道
Adventist Hospital	**Góng-ōn Yī-yún**	港安醫院
Mount Davis	**Mō-sīng-léhng**	摩星嶺
North Point	**Bāk-gok**	北角
◇City Garden	**Sìhng-síh Fā-yún**	城市花園
◇King's Rd	**Yīng-wòhng-douh**	英皇道
HK Parkview	**Yèuhng-mìhng-sāan-jōng**	陽明山莊
The Peak	**Sāan-déng**	山頂
◇Matilda Hospital	**Mìhng-dāk Yī-yún**	明德醫院
◇Peak Tram Station	**Laahm-chē-jaahm**	纜車站
Pok Fu Lam	**Bok-Fuh-làhm**	薄扶林
◇The Belcher's	**Bóu-cheui-yùhn**	寶翠園
◇Chi Fu Fa Yuen	**Ji-fu Fā-yún**	置富花園
◇Pok Fu Lam Rd	**Bok-fu-làhm-douh**	薄扶林道
◇Queen Mary Hospital	**Máh-laih-yī-yún**	瑪麗醫院
◇University of Hong Kong	**Hēung-góng Daaih-hohk**	香港大學
◇Victoria Rd	**Wihk-dō-leih-douh**	域多利道
Quarry Bay	**Jāk-yùh-chūng**	鰂魚涌
◇Cityplaza	**Taai-gú-sìhng Jūng-sām**	太古城中心
◇Kornhill	**Hōng-yìh Fā-yún**	康怡花園
◇Tai Koo Place	**Taai-gú-fōng**	太古坊
◇Tai Koo Shing	**Taai-gú-sìhng**	太古城
Repulse Bay	**Chín-séui-wāan**	淺水灣
Sai Wan Ho	**Sāi-wāan-hó**	西灣河
◇Grand Promenade	**Gā-hāng-wāan**	嘉亨灣
◇Lei King Wan	**Léih-gíng-wāan**	鯉景灣
◇HK Film Archive	**Dihn-yíng Jī-líu-gún**	電影資料館

◇Sai Wan Ho Amenities Centre	**Sāi-wāan-hó Màhn-yùh Jūng-sām**	西灣河文娛中心
Sai Ying Pun	**Sāi-yìhng-pùhn**	西營盤
Shau Kei Wan	**Sāau-gēi-wāan**	筲箕灣
Shek O	**Sehk-ou**	石澳
Shek Tong Tsui	**Sehk-tòhng-jéui**	石塘咀
Sheung Wan	**Seuhng-wàahn**	上環
◇Sheung Wan Amenities Centre	**Seuhng-wàahn Màhn-yùh Jūng-sām**	上環文娛中心
◇Shun Tak Centre HK Macau Ferry Terminal	**Seun-dāk Jūng-sām Góng-ou Máh-tàuh**	信德中心 港澳碼頭
◇Western Market	**Sāi-góng-sìhng**	西港城
◇Wing On Centre	**Wíhng-ōn Jūng-sām**	永安中心
Shouson Hill	**Sauh-sàhn-sāan**	壽臣山
Siu Sai Wan	**Síu-sāi-wāan**	小西灣
◇Island Resort	**Nàahm-wāan-bun-dóu**	南灣半島
So Kon Po	**Sou-gón-póu**	掃桿埔
◇Hong Kong Stadium	**Jing-fú Daaih-kàuh-chèuhng**	政府大球場
South Bay	**Nàahm-wāan**	南灣
Stanley	**Chek-chyúh**	赤柱
◇Murray Bldg	**Méih-leih-làuh**	美利樓
◇St Stephen's Beach	**Sing-sih-tàih-fáan-wāan**	聖士提反灣
◇Stanley Main Beach	**Chek-chyúh-jing-tāan**	赤柱正灘
◇Stanley Market St	**Chek-chyúh-daaih-gāai**	赤柱大街
◇Stanley Military Cemetery	**Chek-chyúh Fàhn-chèuhng**	赤柱墳場
◇Stanley Plaza	**Chek-chyúh Gwóng-chèuhng**	赤柱廣場
◇Stanley Prison	**Chek-chyúh Gāam-yuhk**	赤柱監獄

Tai Hang	**Daaih-hāang**	大坑
◇Tai Hang Rd	**Daaih-hāang-douh**	大坑道
Tai Tam	**Daaih-tàahm**	大潭
◇Red Hill Peninsula	**Hùhng-sāan Bun-dóu**	紅山半島
Tai Tam Country Park	**Daaih-tàahm Gāau-yéh Gūng-yún**	大潭郊野公園
Tin Hau	**Tīn-hauh**	天后
◇Tin Hau Temple Rd	**Tīn-hauh-míuh-douh**	天后廟道
Wan Chai	**Wāan-jái**	灣仔
◇Academy for Performing Arts	**Yín-ngaih-hohk-yún**	演藝學院
◇Art Centre	**Ngaih-seuht Jūng-sāam**	藝術中心
◇Central Plaza	**Jūng-wàahn Gwóng-chèuhng**	中環廣場
◇China Resources Building	**Wàh-yeuhn Daaih-hah**	華潤大廈
◇HK Convention & Exhibition Centre	**Wuih-jín Jūng-sām**	會展中心
◇Golden Bauhinia Plaza	**Gām-jí-gīng Gwóng-chèuhng**	金紫荊廣場
◇Grand Hyatt Hotel	**Gwān-yuht Jáu-dim**	君悅酒店
◇Hennessy Rd	**Hīn-nèih-sī-douh**	軒尼詩道
◇Hopewell Centre	**Hahp-wó Jūng-sām**	合和中心
◇Immigration Tower	**Yahp-gíng-chyu-daaih-làuh**	入境處大樓
◇Kennedy Road	**Gīn-nèih-deih-douh**	堅尼地道
◇Queen Elizabeth Stadium	**Sān-yī-gún**	新伊館
◇Queen's Road East	**Wòhng-hauh-daaih-douh dūng**	皇后大道東
◇Ruttonjee Hospital	**Leuht-dēun-jih Yī-yún**	律敦治醫院
◇Sun Hung Kai Centre	**Sān-hùhng-gēi Jūng-sām**	新鴻基中心
◇Southorn	**Sāu-déun Kàuh-**	修頓球場

Playground	**chèuhng**	
◇SPCA	**Oi-wuh-duhng-maht-hip-wúi**	愛護動物協會
◇Wanchai Ferry Pier	**Wāan-jái Máh-tàuh**	灣仔碼頭
◇Wanchai Market	**Wāan-jái Gāai-síh**	灣仔街市
Western Harbour Crossing	**Sāi-seuih**	西隧
Wong Chuk Hang	**Wòhng-jūk-hāang**	黃竹坑
◇Ocean Park	**Hói-yèuhng Gūng-yún**	海洋公園
◇Shum Wan Rd	**Sām-wāan-douh**	深灣道
◇Sham Wan Marina Club	**Sām-wāan Yàuh-téhng wúi**	深灣遊艇會
Wong Nai Chung	**Wòhng-nàih-chūng**	黃泥涌

10. Kowloon

Cheung Sha Wan	**Chèuhng-sā-wàahn**	長沙灣
Choi Hung	**Chói-hùhng**	彩虹
Diamond Hill	**Jyun-sehk-sāan**	鑽石山
◇Chi Lin Nunnery	**Ji-lìhn-jihng-yún**	志蓮淨苑
Hung Hom	**Hùhng-ham**	紅磡
◇Harbour Plaza	**Hói-yaht Jáu-dim**	海逸酒店
◇Harbour Plaza Metropolis	**Dōu-Wuih Hói-yaht Jáu-dim**	都會海逸酒店
◇Hong Kong Coliseum	**Hùhng-ham Tái-yuhk-gún**	紅磡體育館
◇KCR Station	**Hùhng-ham Fó-chē-jaahm**	紅磡火車站
◇Laguna Verde	**Hói-yaht-hòuh-yùhn**	海逸豪園
◇Polytechnic University	**Léih-gūng Daaih-hohk**	理工大學
◇Whampoa Garden	**Wòhng-bou Fā-yún**	黃埔花園
Ho Man Tin	**Hòh-màhn-tìhn**	何文田
Jordan	**Jó-dēun**	佐敦

◇Scout Assn of HK	**Tùhng-gwān-júng-wúi**	童軍總會
King's Park	**Gīng-sih-paak**	京士柏
◇Queen Elizabeth Hospital	**Yi-leih-sā-baak Yī-yún**	伊利沙伯醫院
Kowloon Bay	**Gáu-lùhng-wāan**	九龍灣
Kowloon City	**Gáu-lùhng-sìhng**	九龍城
◇Kowloon Walled City Park	**Gáu-lùhng-sìhng-jaaih Gūng-yún**	九龍城寨公園
◇St Teresa's Hospital	**Sing-dāk-lahk-saat Yī-yún,**	聖德肋撒醫院，
	Faat-gwok Yī-yún	法國醫院
Kowloon Tong	**Gáu-lùhng-tòhng**	九龍塘
◇Baptist Hospital	**Jam-wúi Yī-yún**	浸會醫院
◇Baptist University	**Jam-wúi Daaih-hohk**	浸會大學
◇City University	**Sìhng-síh Daaih-hohk**	城市大學
◇Festival Walk	**Yauh-yāt-sìhng**	又一城
◇Kowloon Hospital	**Gáu-lùhng Yī-yún**	九龍醫院
◇Waterloo Rd	**Wō-dá-lóuh-douh**	窩打老道
Kwun Tong	**Gwūn-tòhng**	觀塘
Lai Chi Kok	**Laih-jī-gok**	荔枝角
◇Princess Margaret Hospital	**Máh-gā-liht Yī-yún**	瑪嘉烈醫院
Lam Tin	**Làahm-tìhn**	藍田
Lei Yue Mun	**Léih-yùh-mùhn**	鯉魚門
Lok Fu	**Lohk-fu**	樂富
Mei Foo	**Méih-fū**	美孚
Mong Kok	**Wohng-gok**	旺角
◇Fa Yuen St	**Fā-yùhn-gāai**	花園街
◇Flower Market	**Fā-hēui**	花墟
◇Grand Century Place	**Sān-sai-géi Gwóng-chèuhng**	新世紀廣場
◇Tung Choi St (Ladies' St)	**Tūng-choi-gāai (Néuih-yán-gāai)**	通菜街（女人街）
◇Langham Place	**Lóhng-hòuh-fōng**	朗豪坊

◇Langham Place Hotel	**Lóhng-hòuh Jáu-dim**	朗豪酒店
San Po Kong	**Sān-pòuh-gōng**	新蒲崗
Sham Shui Po	**Sām-séui-bóu**	深水埗
◇Apliu St	**Ngaap-lìuh-gāai**	鴨寮街
◇Golden Computer Arcade	**Wòhng-gām Dihn-nóuh Sēung-chèuhng**	黃金電腦商場
Tai Kok Tsui	**Daaih-gok-jéui**	大角咀
◇Olympian City	**Ou-hói-sìhng**	奧海城
To Kwa Wan	**Tóu-gwā-wàahn**	土瓜灣
Tsim Sha Tsui	**Jīm-sā-jéui**	尖沙咀
◇Austin Rd	**Ō-sih-dīn-douh**	柯士甸道
◇Avenue of Stars	**Sīng-gwōng-daaih-douh**	星光大道
◇Canton Rd	**Gwóng-dung-douh**	廣東道
◇China HK City	**Jūng-góng-sìhng**	中港城
◇Chungking Mansions	**Chùhng-hing Daaih-hah**	重慶大廈
◇Clock Tower	**Jūng-làuh**	鐘樓
◇Cultural Centre	**Màhn-fa Jūng-sām**	文化中心
◇Gateway	**Góng-wāi Daaih-hah**	港威大廈
◇Grandville Rd	**Gā-lìhn-wāi-lóuh-douh**	加連威老道
◇Harbour City	**Hói-góng-sìhng**	海港城
◇Holiday Inn	**Ga-yaht Jáu-dim**	假日酒店
◇Islamic Centre	**Chīng-jān-jí**	清真寺
◇Kowloon Park	**Gáu-lùhng Gūng-yún**	九龍公園
◇Museum of Art	**Ngaih-seuht-gún**	藝術館
◇Museum of History	**Lihk-sí-bok-maht-gún**	歷史博物館
◇Nathan Road	**Nèih-dēun-douh**	彌敦道
◇New World Centre	**Sān-sai-gaai Jūng-sām**	新世界中心
◇Peking Rd	**Bāk-gīng-douh**	北京道
◇Penisula Hotel	**Bun-dóu Jáu-dim**	半島酒店
◇Science Museum	**Fō-hohk-gún**	科學館

◇Sheraton Hotel	**Héi-lòih-dāng Jáu-dim**	喜來登酒店
◇Space Museum	**Taai-hūng-gún**	太空館
◇Star Ferry Pier	**Tīn-sīng Máh-tàuh**	天星碼頭
◇Tsim Sha Tsui East	**Jīm Dūng**	尖東
Wong Tai Sin	**Wòhng-daaih-sīn**	黃大仙
Yau Ma Tei	**Yàuh-màh-déi**	油麻地
◇Kwong Wah Hospital	**Gwóng-wàh Yī-yún**	廣華醫院
◇Temple St	**Miuh-gāai**	廟街
◇YMCA	**Chīng-nìhn-wúi**	青年會
Yau Tong	**Yàuh-tòhng**	油塘
Yau Yat Tsuen	**Yauh-yāt-chyūn**	又一村

11. New Territories

Fanling	**Fán-léhng**	粉嶺
Fo Tan	**Fó-taan**	火炭
Gold Coast	**Wòhng-gām-hói-ngohn**	黃金海岸
Kam Tin	**Gám-tìhn**	錦田
Kwai Chung	**Kwàih-chūng**	葵涌
◇Container Terminal	**Fo-gwaih Máh-tàuh**	貨櫃碼頭
◇Kwai Tsing Theatre (Kwai Fong)	**Kwàih-chīng Kehk-yún (Kwàih-fōng)**	葵青劇院（葵芳）
◇Metroplaza	**Sān-dōu-wuih Gwóng-chèuhng**	新都會廣場
Lion Rock	**Sī-jí-sāan**	獅子山
◇Lion Rock Tunnel	**Sī-jí-sāam Seuih-douh**	獅子山隧道
Lo Wu	**Lòh-Wùh**	羅湖
Lok Ma Chau	**Lohk-máh-jāu**	落馬洲
Ma On Shan	**Máh-ōn-sāan**	馬鞍山
Mai Po	**Máih-bou**	米埔
◇Wetland Park	**Sāp-deih Gūng-yún**	濕地公園

Sai Kung	**Sāi-gung**	西貢
◇Clear Water Bay	**Chīng-séui-wāan**	清水灣
◇High Island Reservoir	**Maahn-yìh-séui-fu**	萬宜水庫
◇Ho Chung	**Hòuh-chūng**	蠔涌
◇Pak Tam Chung	**Bāk-tàahm-chūng**	北潭涌
◇Pat Sin Leng	**Baat-sīn-léhng**	八仙嶺
◇Pik Uk Prison	**Bīk-ūk Gāam-yuhk**	壁屋監獄
◇Tai Long Wan	**Daaih-lohng-wāan**	大浪灣
◇Long Ke Wan	**Lohng-ké-wāan**	浪茄灣
◇Marina Cove	**Hōng-wùh-gēui**	匡湖居
◇University of Science & Technology	**Fō-geih-daaih-hohk**	科技大學
Sha Tau Kok	**Sā-tàuh-gok**	沙頭角
Shatin	**Sā-tìhn**	沙田
◇Chinese University of Hong Kong	**Jūng-màhn Daaih-hohk**	中文大學
◇City One	**Daih-yāt-sìhng**	第一城
◇Cultural Museum	**Màhn-fa Bok-maht-gún**	文化博物館
◇Prince of Wales Hospital	**Wāi-yíh-sī Yī-yún**	威爾斯醫院
◇Shatin City Hall	**Sā-tìhn Daaih-wuih-tòhng**	沙田大會堂
◇Temple of Ten Thousand Buddha	**Maahn-faht-jí**	萬佛寺
Sham Tseng	**Sām-jéng**	深井
Shek Kong	**Sehk-gōng**	石崗
Sheung Shui	**Seuhng-séui**	上水
◇North District Hospital	**Bāk-kēui Yī-yún**	北區醫院
Shing Mun Tunnel	**Sìhng-mùhn Seuih-douh**	城門隧道
Shing Mun Reservoir	**Sìhng-mùhn Séui-tòhng**	城門水塘

Tai Mo Shan	**Daaih-mouh-sāan**	大帽山
Tai Po	**Daaih-bou**	大埔
◇Bride's Pool	**Sān-nèuhng-tàahm**	新娘潭
◇HK Institute of Education	**Gaau-yuhk-hohk-yún**	教育學院
◇Hong Lok Yuen	**Hōng-lohk-yùhn**	康樂園
◇Tai Mei Tuk	**Daaih-méih-dūk**	大尾篤
◇Tai Po Hospital	**Daaih-bou Yī-yún**	大埔醫院
Tai Wai	**Daaih-wàih**	大圍
◇Che Kung Temple	**Chē-gūng-míu**	車公廟
◇Union Hospital	**Yàhn-ōn Yī-yún**	仁安醫院
Tin Shui Wai	**Tīn-séui-wàih**	天水圍
Ting Kau	**Dīng-gáu**	汀九
Tiu Keng Leng	**Tiuh-gíng-léhng**	調景嶺
Tseung Kwan O	**Jēung-gwān-ou**	將軍澳
◇Tseung Kwan O Hospital	**Jēung-gwān-ou Yī-yún**	將軍澳醫院
Tsuen Wan	**Chyùhn-wāan**	荃灣
◇Ferry Pier	**Chyùhn-wāan Máh-tàuh**	荃灣碼頭
◇Tsuen Wan City Hall	**Chyùhn-wāan Daaih- wuih-tòhng**	荃灣大會堂
◇Yuen Yuen Institute	**Yùhn-yùhn-hohk-yún**	圓玄學院
Tsing Yi	**Chīng-yī**	青衣
Tuen Mun	**Tyùhn-mùhn**	屯門
◇Tuen Mun City Hall	**Tyùhn-mùhn Daaih-wuih-tòhng**	屯門大會堂
◇Tuen Mun Hospital	**Tyùhn-mùhn Yī-yún**	屯門醫院
Yuen Long	**Yùhn-lóhng**	元朗
◇Fairview Park	**Gám-sau Fā-yún**	錦綉花園

12. Outlying Islands

| Cheung Chau | **Chèuhng-jāu** | 長洲 |

◇Tung Wan	**Dūng-wāan**	東灣
Hei Ling Chau	**Héi-lìhng-jāu**	喜靈洲
Lamma Island	**Nàahm-ā-dóu**	南丫島
◇Hung Shing Ye Beach	**Hùhng-sing-yèh-wāan**	洪聖爺灣
◇Sok Kwu Wan	**Sok-Gú-wāan**	索罟灣
◇Yung Shue Wan	**Yùhng-syuh-wāan**	榕樹灣
Lantau Island	**Daaih-yùh-sāan**	大嶼山
◇Cheung Sha	**Chèuhng-sā**	長沙
◇Discovery Bay	**Yùh-gíng-wāan**	愉景灣
◇Disneyland	**Dihk-sih-nèih-lohk-yùhn**	迪士尼樂園
◇International Airport	**Gēi-chèuhng**	機場
◇Lantau Peak	**Fuhng-wòhng-sāan**	鳳凰山
◇Mui Wo	**Mùih-wō**	梅窩
◇Ngong Ping 360 Cable Car	**Ngòhng-pìhng Laahm-chē**	昂坪纜車
◇Po Lin Monastery (Big Buddha)	**Bóu-lìhn-jí (Daaih-faht)**	寶蓮寺 (大佛)
◇Tai O	**Daaih-ou**	大澳
◇Tung Chung	**Dūng-chūng**	東涌
Peng Chau	**Pìhng-jāu**	坪洲
Po Toi Islands	**Pòuh-tòih-dóu**	蒲台島
Tap Mun Chau	**Taap-mùhn**	塔門
Tung Lung Chau	**Dūng-lùhng-jāu**	東龍洲

13. MTR Stations

Island Line

Sheung Wan	**Seuhng-waàhn**	上環
Central	**Jūng-wàahn**	中環
Admiralty	**Gām-jūng**	金鐘
Wan Chai	**Wāan-jái**	灣仔
Causeway Bay	**Tùhng-lòh-wāan**	銅鑼灣
Tin Hau	**Tīn-hauh**	天后

Fortress Hill	**Paau-tòih-sāan**	炮台山
North Point	**Bāk-gok**	北角
Quarry Bay	**Jāk-yùh-chūng**	鰂魚涌
Tai Koo	**Taai-gú**	太古
Sai Wan Ho	**Sāi-wāan-hó**	西灣河
Shau Kei Wan	**Sāau-gēi-wāan**	筲箕灣
Heng Fa Chuen	**Hahng-fā-chyūn**	杏花邨
Chai Wan	**Chàaih-wāan**	柴灣

Tsuen Wan Line

Tsui Sha Tsui	**Jīm-sā-jéui**	尖沙嘴
Jordan	**Jó-dēun**	佐敦
Yau Ma Tei	**Yàuh-màh-déi**	油麻地
Mong Kok	**Wohng-gok**	旺角
Prince Edward	**Taai-jí**	太子
Sham Shui Po	**Sām-séui-bó**	深水埗
Cheung Sha Wan	**Chèuhng-sā-wàahn**	長沙灣
Lai Chi Kok	**Laih-jī-gok**	荔枝角
Mei Foo	**Méih-fū**	美孚
Lai King	**Laih-gíng**	麗景
Kwai Fong	**Kwàih-fōng**	葵芳
Kwai Hing	**Kwàih-hīng**	葵興
Tai Wo Hau	**Daaih-wō-háu**	大窩口
Tsuen Wan	**Chyùhn-wāan**	荃灣

Kwun Tong Line

Shek Kip Mei	**Sehk-gip-méih**	石硤尾
Kowloon Tong	**Gáu-lùhng-tòhng**	九龍塘
Lok Fu	**Lohk-fu**	樂富
Wong Tai Sin	**Wòhng-daaih-sīn**	黃大仙
Diamond Hill	**Jyun-sehk-sāan**	鑽石山
Choi Hung	**Chói-hùhng**	彩虹
Kowloon Bay	**Gáu-lùhng-wāan**	九龍灣
Ngau Tau Kok	**Ngàuh-tàuh-gok**	牛頭角
Kwun Tong	**Gwūn-tòhng**	觀塘
Lam Tin	**Làahm-tìhn**	藍田

Tseung Kwan O Line

Yau Tong	**Yàuh-tòhng**	油塘
Tiu Keng Leng	**Tìuh-gíng-léhng**	調景嶺
Tseung Kwan O	**Jēung-gwān-ou**	將軍澳
Hang Hau	**Hāang-háu**	坑口
Po Lam	**Bóu-làhm**	寶林

Tung Chung Line

Hong Kong	**Hēung-góng**	香港
Kowloon	**Gáu-lùhng**	九龍
Olympic	**Ou-wahn**	奧運
Nam Cheong	**Nàahm-chēung**	南昌
Lai King	**Laih-gíng**	荔景
Tsing Yi	**Chīng-yī**	青衣
Sunny Bay	**Yān-ou**	欣澳
(Disneyland Resort)	**(Dihk-sih-nèih-lohk-yùhn)**	(廸士尼樂園)
Tung Chung	**Dūng-chūng**	東涌
(Ngong Ping 360 Cable Car)	**(Ngòhng-pìhng Laahm-chē-jaahm)**	(昂平纜車站)

Airport Express Line

Hong Kong	**Hēung-góng**	香港
Kowloon	**Gáu-lùhng**	九龍
Tsing Yi	**Chīng-yī**	青衣
Airport	**Gēi-chèuhng**	機場
AsiaWorld-Expo	**Bok-láahm-gún**	博覽館

14. KCR Stations

East Rail

Kowloon;	**Gáu-lùhng;**	九龍；
Hung Hom	**Hùhng-ham**	紅磡
Mong Kok	**Wohng-gok**	旺角
Kowloon Tong	**Gáu-lùhng-tòhng**	九龍塘

Tai Wai	**Daaih-wàih**	大圍
Sha Tin	**Sā-tìhn**	沙田
Fo Tan	**Fó-taan**	火炭
Race Course	**Máh-chèuhng**	馬場
University	**Daaih-hohk**	大學
Tai Po Market	**Daaih-bou-hèui**	大埔墟
Tai Wo	**Taai-wòh**	太和
Fanling	**Fán-léhng**	粉嶺
Sheung Shui	**Seuhng-séui**	上水
Lo Wu	**Lòh-wùh**	羅湖

West Rail

Nam Cheung	**Nàahm-chēung**	南昌
Mei Foo	**Méih-fū**	美孚
Tsuen Wan West	**Chyùhn-wāan-sāi**	荃灣西
Kam Sheung Road	**Gám-seuhng-louh**	錦上路
Yuen Long	**Yùhn-lóhng**	元朗
Long Ping	**Lóhng-pìhng**	朗屏
Tin Shui Wai	**Tīn-séui-wàih**	天水圍
Siu Hong	**Siuh-hōng**	兆康
Tuen Mun	**Tyùhn-mùhn**	屯門

Ma On Shan Line

Tai Wai	**Daaih-wàih**	大圍
Che Kung Temple	**Chē-gūng-míu**	車公廟
Sha Tin Wai	**Sā-tìhn-wàih**	沙田圍
City One	**Daih-yāt-sìhng**	第一城
Shek Mun	**Sehk-mùhn**	石門
Tai Shui Hang	**Daaih-séui-hāang**	大水坑
Heng On	**Hàhng-ōn**	恆安
Ma On Shan	**Máh-ōn-sāan**	馬鞍山
Wu Kai Sha	**Wū-kāi-sā**	烏溪沙